CAMINHOS...

**PARA UMA CATEQUESE
QUERIGMÁTICA E
MISTAGÓGICA**

Dados Internacionais de Catalogação na Publicação (CIP)
(Câmara Brasileira do Livro, SP, Brasil)

Nascimento, Flávia Carla
  Caminhos... para uma catequese querigmática e mistagógica / Flávia Carla Nascimento. – Petrópolis, RJ : Vozes, 2022.

  Bibliografia.
  ISBN 978-65-5713-499-3

  1. Catequese – Igreja Católica 2. Catequistas – Formação 3. Mistagogia 4. Querigma 5. Sacramentos I. Título.

21-87456   CDD-268.82

Índices para catálogo sistemático:
1. Catequese : Igreja Católica 268.82

Cibele Maria Dias – Bibliotecária – CRB-8/9427

Flávia Carla Nascimento

CAMINHOS...
PARA UMA CATEQUESE QUERIGMÁTICA E MISTAGÓGICA

© 2022, Editora Vozes Ltda.
Rua Frei Luís, 100
25689-900 Petrópolis, RJ
www.vozes.com.br
Brasil

Todos os direitos reservados. Nenhuma parte desta obra poderá ser reproduzida ou transmitida por qualquer forma e/ou quaisquer meios (eletrônico ou mecânico, incluindo fotocópia e gravação) ou arquivada em qualquer sistema ou banco de dados sem permissão escrita da editora.

CONSELHO EDITORIAL

Diretor
Gilberto Gonçalves Garcia

Editores
Aline dos Santos Carneiro
Edrian Josué Pasini
Marilac Loraine Oleniki
Welder Lancieri Marchini

Conselheiros
Francisco Morás
Ludovico Garmus
Teobaldo Heidemann
Volney J. Berkenbrock

Secretário executivo
Leonardo A.R.T. dos Santos

_____

Diagramação: Victor Mauricio Bello
Revisão gráfica: Editora Vozes
Capa: Érico Lebedenco
Ilustração de capa: artisteer | iStock

ISBN 978-65-5713-499-3

Este livro foi composto e impresso pela Editora Vozes Ltda.

SUMÁRIO

Apresentação, 7

Introdução, 9

CAPÍTULO 1

Jesus modela o coração do discípulo missionário catequista, 17

CAPÍTULO 2

O perfil do catequista a partir das reflexões da Igreja, 51

CAPÍTULO 3

Exercícios práticos para o catequista mistagogo entregar o coração nas mãos do oleiro, 105

Siglas, 121

Anexo, 123

Referências, 131

APRESENTAÇÃO

Como ser contida quando uma amiga pede um favor tão especial? O convite da Flávia, minha amiga/irmã, deixou-me emocionada e muito honrada. Admiro a paixão pela catequese que essa amiga tem, respeito sua história e louvo a Deus pelo dom de sua vida. Admito que precisei me conter ao ler esse texto, desejei contemplar cada personagem, realizar cada passo e meditação proposto. No entanto, precisava terminar a leitura, ou a apresentação demoraria muito para ser escrita.

Antes de mais nada, quero dizer a você que tem esse livro nas mãos: ao ler essas páginas saiba que a autora é uma catequista de primeira linha, alguém que permanece aos pés do Mestre de Nazaré abastecendo-se da água viva para regar tantos e tantas que dela se aproximam.

Querido(a) leitor(a), o livro que chega em suas mãos é daqueles que entregam tudo que promete. O título já me chamou atenção, mas ao longo da leitura tive uma surpresa: para entender sobre catequese querigmática e mistagógica é preciso olhar para o ser do catequista e construir uma sólida referência de vida e uma espiritualidade fortalecida pelo contato com a Sagrada Escritura.

A maneira como a Flávia dialoga com os textos bíblicos, bem como com os textos do Magistério da Igreja, nos ajuda a inserir nossa história e nossa vocação na mesma linha dos personagens bíblicos que tanto contemplamos e estudamos. Não é um livro apenas de conteúdo, é também um instrumento de formação pessoal e permanente, destaco as propostas de reflexão, estudo e contemplação que são ofertadas ao longo dos capítulos. Percebe-se que, por trás das palavras, está alguém que se dedica, com esmero, à formação, por isso se você é catequista saiba que acaba de conhecer um companheiro inseparável em seu processo formativo. Se, por outro lado, você é responsável por pensar e organizar a catequese, bem como projetar a formação de catequistas, saiba que terá nesse livro um importante subsídio que muito contribuirá nos itinerários de nossas comunidades.

Antes de terminar desejo ressaltar mais um aspecto dessa obra: a capacidade da Flávia de apresentar de maneira clara e concatenada, ideias que povoam nossas falas e escritos e, por vezes, correm o risco de se esvaziarem de seu sentido e tornarem-se clichês catequéticos. Ao centrar a atenção na pessoa do catequista, a Flávia, nos ajuda a compreender que precisamos formar o ser do catequista para que ele possa saber e saber fazer, com a devida consciência de ser um instrumento nas mãos do Mestre, ou de acordo com a linguagem da obra: como o barro moldado pelo oleiro divino, destinado a tornar-se um belo vaso para levar a água viva até os corações sedentos de vida!

Obrigada, minha amiga, por nos oferecer uma preciosidade dessas. Obrigada por abrir o baú do seu coração e nos oferecer um pouco do seu grande tesouro, tenho certeza de que ele será de grande auxílio em nossa missão.

Com afeto e respeito, sua amiga/irmã,

Débora Pupo
Coordenadora da dimensão Bíblico-Catequética Regional Sul II – CNBB

INTRODUÇÃO

Palavra que foi dirigida pelo Senhor a Jeremias: "Levanta-te, desce à casa do oleiro e lá te farei ouvir minhas palavras". Desci à casa do oleiro e vi que ele trabalhava no torno. Quando se estragava o vaso que estava fazendo, com a argila na sua mão, o oleiro fazia novamente um outro vaso, como lhe parecia melhor. Então a palavra do Senhor me foi dirigida nestes termos: Não poderia eu agir convosco como este oleiro, ó casa de Israel? – oráculo do Senhor. Como a argila na mão do oleiro, assim sois vós na minha mão, ó casa de Israel! (Jr 18,1-6).

Sempre que me deparava com esse texto bíblico do Livro do Profeta Jeremias, sentia ressoar em meu coração as mesmas palavras que o Senhor dirigia à casa de Israel: "Catequista, não poderia eu agir convosco como este oleiro? Como a argila na mão do oleiro, assim sois vós na minha mão".

Então me imaginava caminhando com o Profeta Jeremias até a casa do oleiro, para observar esse profissional exercendo seu ofício de fabricar vasos, jarros e outros objetos de barro. E lá na casa do oleiro, via-o rodando a argila numa espécie de disco de madeira, para dar forma a cada peça com as próprias mãos. Ele trabalhava sem tirar os olhos de sua obra, com uma habilidade cuidadosa, e aos poucos fazia do barro disforme uma peça única e irrepetível. Nas ocasiões em que o vaso não ficava conforme desejava, ele não descartava o barro, mas reiniciava o trabalho e o transformava numa obra nova, renovada, refeita conforme seu projeto inicial.

Com o passar do tempo fui aprofundando essa reflexão e percebi que Deus Pai, em seu infinito amor pela humanidade, enviou seu Filho amado, Jesus Cristo, para ser o "oleiro" dos nossos corações, ou seja, na olaria de Deus, Jesus é o divino oleiro. Então compreendi que precisamos olhar sempre para as mãos de Cristo e ver como Ele formou os seus primeiros discípulos. A ação de Jesus é modelo e inspiração para a formação de catequistas com corações renovados, que seguem em busca de caminhos para uma catequese querigmática e mistagógica.

Algumas vezes, em encontros de formação de catequistas, ouvia a equipe de animação tocar uma canção cuja letra segue na mesma direção:

A olaria de Deus[1]

O catequista vai ter que entrar na olaria de Deus (2x)
Desce como um vaso velho e quebrado
E sobe como um vaso novo

Então eu escutava essa canção e pedia a Jesus, divino oleiro do Pai, que nos tomasse em suas mãos e realizasse a obra de transformação, tornando-nos catequistas com corações renovados, "vasos novos" e cheios de entusiasmo pela missão catequética.

Quando o catequista entra na "olaria de Deus" e se entrega sem reservas nas mãos do Senhor Jesus, exercitando-se nessa entrega diária, certamente emergirá como um vaso novo e levará, aos destinatários da sua missão, a alegria do Evangelho, fonte de esperança que dá sentido pleno à vida.

Também a Igreja, corpo de Cristo, nos pega nas mãos e nos modela para a missão catequética. Ela, como "mãe e mestra", nos conduz através de inúmeros documentos do Magistério e nos inspira através das orientações do Papa Francisco, as quais trazem muitas luzes para esculpir no perfil do catequista a imagem de Cristo, Divino Mestre.

A proposta deste livro é realizar o processo de nos colocar nas mãos do oleiro, ou seja, primeiro observaremos a ação de Jesus no processo de formação de seus discípulos e o modo como estes corresponderam às ações do Senhor, depois, num segundo momento, nos deixaremos moldar pelas mãos da Igreja, corpo de Cristo, inspirados especialmente nos ensinamentos do Papa Francisco e, para finalizar, realizaremos alguns exercícios que nos ajudarão no processo de conversão e no caminho para nos tornarmos "vasos novos".

Será uma jornada cheia de desafios, na qual buscaremos encontrar caminhos para uma catequese querimática e mistagógica, como nos foi orientado pelo Papa Francisco, na Exortação Apostólica *Evangelii Gaudium* – A alegria do Evan-

---

1. Para localizar essa música disponível em: https://www.letras.mus.br/ministerio-alelluia/olaria-de-deus/ Acesso em 25 out. 2021.

gelho (EG, n. 163-166). Não há aqui uma pretensão de trazer respostas prontas a todas as inquietações, mas sim de identificar fontes seguras para iluminar a busca por essas respostas.

Um primeiro passo nessa busca é compreendermos o que é uma catequese querigmática e mistagógica. A catequese com marca querigmática ocupa-se de realizar o primeiro anúncio, o querigma, através do qual a Igreja proclama o Evangelho e desperta à conversão.

Para melhor entender como a dimensão querigmática deve permear toda a catequese, ajuda-nos a reflexão do Papa Francisco quando ele ressalta que o primeiro anúncio deve ocupar o centro da atividade evangelizadora e que ele tem um papel fundamental também na catequese. O querigma é o primeiro anúncio, porque é o mais importante; é o anúncio principal, mas ele não pode ser realizado apenas uma vez, num primeiro momento, e depois ser deixado para trás, mas deve ser anunciado sempre, de diferentes maneiras durante a catequese, em todas as suas etapas e momentos (cf. EG, n. 164).

Mas em que consiste o querigma? É o anúncio pascal – anúncio de que o Senhor Jesus Ressuscitou! Este primeiro anúncio é o centro à volta do qual tudo gira, é o coração pulsante que a tudo dá vida. Na boca de todo catequista deve ressoar continuamente este anúncio central: "Jesus Cristo ama-te, deu a sua vida para te salvar; e agora vive contigo todos os dias, para te iluminar, fortalecer, libertar" (EG, n. 164). O Senhor Ressuscitado, nosso Salvador, continua presente em nosso meio, Ele se interessa por cada um de nós e é essa certeza de fé que anunciamos com alegria e empenho.

No discurso durante o Jubileu dos Catequistas, no ano da misericórdia, em 25 de setembro de 2016[2], Francisco pediu aos catequistas justamente para não se cansarem de colocar em primeiro lugar o querigma, este anúncio principal da fé. O papa explicou, ainda, que não há conteúdos mais importantes, nada é mais firme e atual. Cada conteúdo da fé torna-se perfeito, se estiver ligado a este centro, se for permeado pelo anúncio pascal; mas se, pelo contrário, se isolar, perde sentido e força. Somos chamados continuamente a viver e anunciar a Boa-nova do amor do Senhor.

---

2. Para ter acesso ao discurso completo do papa recomendamos a seguinte fonte: http://www.vatican.va/content/francesco/pt/homilies/2016/documents/papafrancesco_20160925_omelia-giubileo-catechisti.html

Aqui é que entra nossa caminhada nas "mãos do oleiro Jesus", que será proposta no primeiro capítulo. Só quem experimentou na própria vida o amor do Senhor e a presença do Ressuscitado é que será capaz de realizar o primeiro anúncio com convicção, alegria e fecundidade. Por isso, precisamos fazer e refazer nosso próprio encontro com Cristo, através da sua Palavra. Com esse intuito, mergulharemos em alguns encontros dos discípulos com Jesus, narrados nos evangelhos. Desses encontros extrairemos muitas lições para que nossa ação catequética seja verdadeiramente querigmática. Só bebendo na fonte do Evangelho é que seremos capazes de anunciar ao mundo a Boa-nova do encontro com o Ressuscitado.

O Documento 107, Iniciação à Vida Cristã – itinerário para formar discípulos missionários, apresenta-nos a Igreja como uma comunidade querigmática e missionária, na qual o anúncio tem por objeto Cristo crucificado, morto e ressuscitado, por meio do qual se realiza a plena e autêntica libertação do mal, do pecado e da morte, e no qual recebemos a vida nova, divina e eterna. É essa a "Boa-nova", que muda o homem e a história da humanidade, e que todos os povos têm o direito de conhecer (Doc. 107, n. 108).

Essa é, exatamente, a Boa-nova que os catequistas precisam fazer ecoar, mas que primeiro devem ter experimentado na própria vida, através do encontro com a pessoa de Jesus. Só será capaz de realizar uma catequese querigmática aquele catequista que acolheu o primeiro anúncio e deixou-o frutificar em sua própria vida.

Sobre a dimensão mistagógica da catequese, inicialmente precisamos entender o que é mistagogia. O sentido etimológico do termo mistagogia é o de "ser conduzido para o interior dos mistérios". Na Iniciação à Vida Cristã compreendemos a mistagogia como um mergulho no mistério de Deus. No Novo Testamento, o termo mistério não indica em primeiro lugar um segredo intelectual, mas a ação salvadora de Deus na história, que chega à plenitude em Jesus Cristo (cf. Doc. 107, n. 83). Portanto, podemos concluir que a mistagogia consiste em ser conduzido para o mistério que é Jesus, mergulhar no mistério que é o próprio Cristo. Ele é o ápice da revelação divina e nele se faz presente o mistério do Reino de Deus.

Quando o Papa Francisco fala da catequese mistagógica, nos diz que ela compreende essencialmente duas coisas: "a necessária progressividade da experiência formativa na qual intervém toda a comunidade e uma renovada valorização dos sinais litúrgicos da iniciação cristã" (EG, n. 166). Ou seja, a catequese deve conduzir ao mistério que é Jesus de forma progressiva, auxiliada pelos sinais sensíveis que nos remetem às realidades invisíveis, próprios da Liturgia.

É importante destacar aqui a necessidade da comunhão e da parceria entre catequese e liturgia, para que a catequese possa assumir realmente esse caráter mistagógico. Sabemos que na liturgia celebramos o Mistério da fé, por meio de ritos, gestos e símbolos, através dos quais o Ressuscitado se faz presente. A catequese mistagógica buscará conduzir as pessoas ao mistério celebrado, fazendo-as ter acesso ao significado dos ritos, gestos e símbolos litúrgicos.

Vamos trazer aqui alguns exemplos que podem nos ajudar a compreender melhor a mistagogia, como condução ao mistério que é Cristo. Conduzir alguém para Jesus é o objetivo da catequese de caráter mistagógico. Quando eu preciso conduzir alguém para um lugar, ao encontro de outra pessoa, preciso ter claro alguns pontos. Primeiramente preciso saber aonde quero chegar, ter clareza do destino, para evitar perder-me no caminho. Quem já fez o trajeto antes, vai saber chegar ao local desejado com maior facilidade. Também, em certos casos, é importante ter um meio de transporte. Imaginemos que o meio escolhido é um carro. Para começar, tenho que saber conduzir o veículo com segurança e ter habilitação para isso. É um processo formativo que me dará essa habilitação e a experiência prática na direção vai trazendo a segurança necessária. A partir disso, posso conduzir essas pessoas até o ponto de encontro desejado.

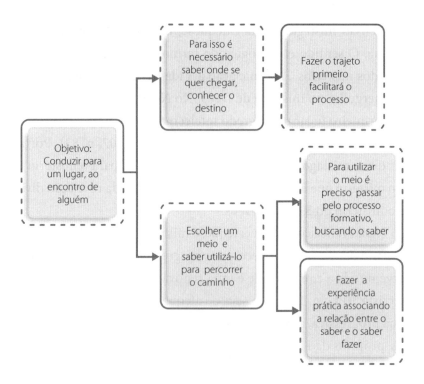

Vamos trazer esse exemplo para a catequese querigmática e mistagógica, que tem como objetivo conduzir as pessoas a Jesus, colocando-se a serviço da Iniciação à Vida Cristã. Para atingir esse objetivo, o catequista precisa primeiro ter feito a experiência do encontro com Cristo, aí sim saberá anunciar com toda a força e alegria essa experiência, conduzindo outros ao Senhor. Nesse caso, só quem fez o caminho saberá como conduzir outros ao destino. Faremos um aprofundamento dessa experiência no primeiro capítulo. Depois vem o aspecto da habilitação e da segurança para conduzir, que serão adquiridas com a formação e a prática contínua. Nisso seremos guiados pelas orientações da Igreja, nossa mãe e mestra, no segundo capítulo.

Voltando aos exemplos: algumas vezes, durante a infância, viajei a cidades desconhecidas para visitar parentes. Meu pai, que conduzia o carro, normalmente pedia ajuda aos taxistas para encontrar o caminho certo. Inclusive, algumas vezes, íamos seguindo o táxi. O triste era quando fechava o sinaleiro na nossa vez e o táxi ia adiante. Perdíamos o rumo. Assim é no seguimento de Jesus, se perdemos de vista aquilo que nos dá segurança para encontrar o destino, tudo fica mais difícil. Se perdermos de vista a Palavra de Deus, os sacramentos, a vida comunitária, ficamos sem rumo.

Hoje temos o GPS, que pode ser uma ajuda muito eficaz, é uma voz que vai dando coordenadas pelo caminho, até nos levar ao destino. Qual será o GPS de quem busca encontrar-se com Jesus? É a própria voz do Senhor presente na sua Palavra. Poderíamos dizer que o catequista faz ecoar essa voz, essa Palavra, ele é o eco do GPS, apontando o caminho até o destino.

Cabe aqui também um exemplo relacionado à condução ao Mistério da fé, celebrado na Liturgia. Quando estamos aprendendo a dirigir um veículo, antes mesmo das aulas práticas de direção, temos que estudar o significado dos sinais de trânsito. O conhecimento da linguagem desses sinais permite seguir com o veículo pelos caminhos e chegar ao destino com segurança. De forma análoga, a catequese mistagógica busca dar acesso ao significado dos sinais litúrgicos, expressos nos ritos, gestos e símbolos que conduzirão ao mergulho no Mistério da fé celebrada.

Desses vários exemplos apresentados podemos extrair alguns aspectos para compor o perfil do catequista para uma catequese querigmática e mistagógica:

- ✓ É aquele que teve um encontro profundo com Jesus e entrou num diálogo de intimidade com Ele, deixando-se permear completamente por seu amor.
- ✓ É uma pessoa que se deixou encantar por Cristo e fala dele com a vida.
- ✓ É alguém orante, que adquiriu a segurança para conduzir ao mistério de Cristo vivo a partir da própria experiência vivida com o Senhor!
- ✓ É uma pessoa que sintoniza seu coração com aquilo que a Igreja pede hoje e se deixa renovar.
- ✓ É um "vaso novo", que passou pelas mãos do divino oleiro e isso o tornou capaz de realizar uma catequese renovada, uma catequese que "gera vida nova".
- ✓ É alguém cheio de entusiasmo, que sabe anunciar esta experiência com o Ressuscitado a outros (querigma) e sabe conduzir com segurança a Jesus, a fonte de "água viva" (mistagogia).

Mas para que isso se torne realidade em nossa missão catequética, precisamos nos exercitar, treinar o coração continuamente. Em cada capítulo deste livro, especialmente no capítulo três, faremos alguns exercícios orantes, que nos ajudarão na busca por deixar-nos moldar nas mãos do oleiro Jesus, até nos tornarmos os "vasos novos" que desejamos ser. Iniciemos essa jornada com esperança e alegria!

1

JESUS MODELA O CORAÇÃO DO DISCÍPULO MISSIONÁRIO CATEQUISTA

Jesus é o nosso Mestre, o "oleiro do Pai". Em suas mãos queremos colocar nossos corações de catequistas, para que Ele nos modele a partir de sua pedagogia divina e possamos atuar na formação de novos discípulos missionários.

O passo inicial nessa entrega nas mãos do Senhor é "manter os olhos fixos Nele" (cf. Lc 4,20). Isso é fundamental para todo catequista, pois é da contemplação do agir de Jesus que aprenderemos como realizar nossa missão com segurança. O Documento de Aparecida, marco importante na caminhada de toda a Igreja, nos aponta justamente nessa direção:

> *Olhamos para Jesus, o Mestre que formou pessoalmente a seus apóstolos e discípulos. Cristo nos dá o método: "Venham e vejam" (Jo 1,39). "Eu sou o Caminho, a Verdade e a Vida" (Jo 14,6). Com Ele podemos desenvolver as potencialidades que há nas pessoas e formar discípulos missionários. Com perseverante paciência e sabedoria, Jesus convidou a todos para que o seguissem. Àqueles que aceitaram segui-lo, os introduziu no mistério do Reino de Deus, e depois de sua morte e ressurreição os enviou a pregar a Boa-nova na força do Espírito (DAp, n. 276).*

Seguindo os passos de Jesus, podemos compreender alguns aspectos fundamentais do caminho de formação do discípulo missionário, a partir da proposta da Conferência de Aparecida (DAp, n. 278):

a. O Encontro com Jesus Cristo:

O primeiro passo importante para alguém se tornar discípulo missionário de Jesus é ter um encontro profundo com Ele, um encontro que transforma, redireciona a vida. Dentro do coração humano há uma sede de Deus e Ele sempre toma a iniciativa, vem ao encontro do homem para dar sentido pleno à nossa vida.

b. A Conversão:

A consequência do encontro profundo com Jesus é a mudança no nosso modo de pensar, de agir e de ver a realidade. O Senhor vai, aos poucos, nos modelando, nos tornando "vasos novos" e nós vamos respondendo a esse processo, dando sinais de conversão.

c. O Discipulado:

O discípulo é aquele que se coloca na escuta do Senhor e vai amadurecendo no seguimento do Mestre, no aprofundamento em seus mistérios.

d. A Comunhão:

A caminhada de fé, a vida cristã acontece numa comunidade. O discípulo não se forma sozinho, é modelado dentro da comunidade, na experiência da vida fraterna. A comunhão com os irmãos de caminhada, que se acompanham e se estimulam mutuamente a crescer na vida do Espírito, é parte fundamental no processo de formação do discípulo missionário.

e. A Missão:

Quem tem um encontro transformador com Jesus não guarda para si essa alegria, mas vai levar essa Boa-nova a todos, tornando concreta a Igreja em saída, pedida pelo Papa Francisco, uma Igreja que sabe "sair da própria comodidade e tem a coragem de alcançar todas as periferias que precisam da luz do Evangelho" (EG, n. 20). Essa Igreja em saída se desinstala e vai ao encontro das pessoas levando a alegria como sinal. Uma alegria fecunda, que brota do encontro com o Ressuscitado e do anúncio do Evangelho. E ao mesmo tempo uma alegria que traz em si a dinâmica do dom de si mesmo, de caminhar ao encontro do outro e de semear sempre de novo, sempre mais além (cf. EG, n. 21). É a saída alegre de quem recebeu o grande presente de ter encontrado o Mestre e agora vai, com a mesma alegria, propor a outros esse encontro.

É preciso salientar que esses cinco aspectos do processo de formação do discípulo missionário não acontecem sempre de forma retilínea, sequencial, mas eles se entrelaçam em cada etapa do caminho, vão sendo lapidados no coração de discípulo, à medida que este se deixa modelar pelo Senhor. Até porque Deus não nos coloca numa forma, não quer nos formatar todos iguais. Ao contrário, Ele acolhe e ama a singularidade de cada um. Com cada pessoa Jesus realiza uma história personalizada, cheia de ternura e compaixão e impregnada de sua graça. É a partir do vaso único que somos que o Senhor vai nos modelar e nos capacitar para a ação catequética.

A partir de agora, vamos entrar na "olaria de Deus" para observar e aprender com Jesus o modo como Ele trabalhou na vida de alguns de seus seguidores, até que estes se tornaram discípulos missionários e contribuíram para que o Evangelho chegasse até nós hoje. Vamos relacionar alguns aspectos da ação de Jesus o "oleiro do Pai", para inspirar a nossa vida e a nossa ação catequética.

Nesta perspectiva propomos uma observação profunda do desenrolar dos acontecimentos nos encontros dos discípulos com Jesus, para que possamos refazer nossa própria experiência de encontro com o Senhor e depois comunicarmos a outros essa experiência, a fim de que também eles possam se tornar discípulos missionários.

Não há aqui a pretensão de um estudo bíblico aprofundado, mas a proposta é fazermos uma observação que contemple de maneira orante os gestos de Jesus e os passos dos discípulos, apresentados na Palavra de Deus, visando incorporá-los na prática catequética. Vamos entrar na "olaria de Deus", deixando-nos moldar por sua Palavra!

1 Os primeiros discípulos

Façamos uma primeira leitura deste texto do Evangelho de João, contemplando sua riqueza de detalhes.

No dia seguinte, João estava lá de novo com dois dos seus discípulos. Fixou o olhar em Jesus que passava, e disse: "Eis o Cordeiro de Deus". Os dois discípulos ouviram isto e seguiram Jesus. Então Jesus voltou-se para eles e, vendo que o seguiam, perguntou-lhes: "A quem procurais?" Responderam-lhe: "Rabi – que quer dizer Mestre – onde moras?" Ele disse: "Vinde e vede". Eles foram, viram onde morava e ficaram com ele aquele dia. Eram quase quatro horas da tarde. André, irmão de Simão Pedro, era um dos dois que ouviram as palavras de João e seguiram Jesus. Foi logo encontrar seu irmão, Simão, e lhe disse: "Encontramos o Messias" – que quer dizer Cristo. Ele o levou até Jesus. Jesus fixou o olhar nele e disse: "Tu és Simão filho de João. Serás chamado Cefas, que quer dizer Pedro". No dia seguinte Jesus decidiu ir para a Galileia. Encontrou Filipe e disse: "Segue-me". Filipe era de Betsaida, cidade de André e de Pedro. Filipe encontrou Natanael e disse: "Encontramos aquele de quem escreveram Moisés, na Lei, e os Profetas: Jesus filho de José, de Nazaré". Natanael perguntou: "De Nazaré pode sair alguma coisa boa?" Filipe respondeu: "Vem e vê". Jesus viu Natanael que vinha e comentou: "Aqui está um verdadeiro israelita, em quem não há maldade". Natanael perguntou: "De onde me conheces?" Jesus respondeu: "Antes de Filipe te chamar, eu te vi quando estavas debaixo da figueira". Natanael disse: "Rabi, tu és o Filho de Deus, és o rei de Israel". Jesus lhe respondeu: "Tu crês porque eu disse que te vi debaixo da figueira? Verás coisas maiores do que esta". E acrescentou: "Na verdade eu vos digo: vereis o céu aberto e os anjos de Deus subindo e descendo sobre o Filho do homem" (Jo 1,35-51).

Agora que já temos uma visão geral da cena bíblica, vamos observá-la a partir dos personagens que aparecem no texto, detendo-nos em suas ações e reações ao encontro com Jesus:

- **João Batista**

Esse episódio se inicia com o <u>aspecto missionário</u>. João Batista, que já teve seu encontro com Jesus e já realizou um processo de discipulado (conforme narra Lucas, nos primeiros capítulos de seu Evangelho), agora age apontando para Jesus, o Cordeiro de Deus. Ele realiza o <u>anúncio</u> da presença do Senhor, dando seu <u>testemunho</u>. João foi o mediador do <u>encontro</u> dos seus dois discípulos com Jesus.

Fixou o olhar em Jesus que passava, e disse: "Eis o Cordeiro de Deus". Os dois discípulos ouviram isto e seguiram Jesus. (Jo 1,36-37)

- **Os dois discípulos**

A primeira atitude dos dois discípulos de João foi a de <u>ouvir</u>. Ouviram João e deram atenção à sua palavra, ao ponto de agirem a partir dela, seguindo Jesus. Mudaram sua rota, eram discípulos de João, mas passaram a seguir Jesus.

Então Jesus voltou-se para eles e, vendo que o seguiam, perguntou-lhes: "A quem procurais?" Responderam-lhe: "Rabi – que quer dizer Mestre – onde moras?" Ele disse: "Vinde e vede". Eles foram, viram onde morava e ficaram com ele aquele dia. Eram quase quatro horas da tarde (Jo 1,38-39).

Na continuidade dos fatos, o <u>encontro</u> dos dois discípulos com Jesus vai se intensificando. Jesus interage com eles, dá atenção aos dois, volta-se e vê os primeiros passos do seguimento. O olhar do Senhor os alcança, os <u>acolhe</u> e esse encontro vai tomado novas proporções.

Jesus inicia um <u>diálogo</u> com os dois, <u>toma a iniciativa</u>. "Que procurais"? Ele sabe das buscas do coração humano, mas abre espaço para que eles respondam, <u>ouve</u> os dois. Não dá por certo nada, <u>deixa os discípulos falarem</u>.

"Mestre, onde moras"? Os discípulos ainda não sabem bem como expressar o que desejam, então respondem a Jesus com uma pergunta. Essa pergunta revela o desejo de aprofundar as relações com o Senhor. Saber onde mora indica o desejo de adentrar na vida de Jesus, conhecer sua intimidade, seu mundo, seu modo de viver, de se relacionar com as pessoas.

Jesus responde ao desejo dos dois de forma terna e acolhedora. "Vinde e vede". <u>Chama</u> para estar com Ele e ver, <u>fazer a experiência</u> da sua pessoa, aprofundando-se em seu mistério. Eles foram, decidiram-se por Jesus e permaneceram com Ele aquele dia. Imagine quanta conversa nesse dia, quanta intensidade na experiência de estar com o Senhor, de ouvir sua Palavra, de <u>discipulado</u>. São aqueles momentos fundantes, capazes de impregnar o coração de tanto amor, ao ponto de dar sentido a todo o resto da vida.

■ André e Pedro

André, irmão de Simão Pedro, era um dos dois que ouviram as palavras de João e seguiram Jesus. Foi logo encontrar seu irmão, Simão, e lhe disse: "Encontramos o Messias" – que quer dizer Cristo. Ele o levou até Jesus. Jesus fixou o olhar nele e disse: "Tu és Simão filho de João. Serás chamado Cefas, que quer dizer Pedro" (Jo 1,40-42).

Quem encontra Jesus e faz a experiência profunda de sua pessoa, não guarda para si essa alegria, mas vai anunciar a outros! Foi exatamente isso que André fez. Ele foi logo à procura de seu irmão Pedro, saiu em <u>missão</u> e <u>anunciou</u> a Boa Notícia, <u>testemunhou</u> ter encontrado o Messias.

E André foi além, não só falou do Mestre para Pedro, mas conduziu-o até Jesus, pois agora ele sabia onde encontrar o Senhor. A vida fraterna de André e Pedro agora ganharia um aspecto muito mais pleno, de comunhão com Jesus, de comunidade que se coloca ao redor do Mestre. Isso reforça o aspecto de que não é possível ser cristãos sozinhos, mas somos chamados a ser comunidade cristã.

Então o ciclo se reinicia, Jesus lança seu olhar acolhedor e terno sobre Pedro e lhe dá um nome novo, que corresponde à missão que Pedro assumirá mais tarde. Com cada um Jesus constrói uma história única de amor.

▪ Filipe e Natanael

> *No dia seguinte Jesus decidiu ir para a Galileia. Encontrou Filipe e disse: "Segue-me". Filipe era de Betsaida, cidade de André e de Pedro* (Jo 1,43-44).

Jesus está sempre a caminho e no caminho acontecem os encontros com os discípulos. Dessa vez Ele está a caminho da Galileia, região onde realiza grande parte de seu ministério.

E então, no caminho, acontece o encontro de Jesus com Filipe. O Evangelho não traz mais detalhes sobre esse encontro, apenas mostra Jesus chamando Filipe ao seguimento. Certamente, através do olhar do Senhor, de sua acolhida e de sua Palavra, Filipe fez uma experiência profunda de conversão e discipulado.

Chega então o ponto em que, assim como André, Filipe vai anunciar a alegria desse encontro.

> *Filipe encontrou Natanael e disse: "Encontramos aquele de quem escreveram Moisés, na Lei, e os profetas: Jesus filho de José, de Nazaré". Natanael perguntou: "De Nazaré pode sair alguma coisa boa?" Filipe respondeu: "Vem e vê"* (Jo 1,45-46).

O anúncio de Filipe vem carregado com a Palavra de Deus. Ele fala a Natanael que Jesus é o Messias prometido na Lei e nos profetas. Por aí intuímos que Filipe e Natanael eram conhecedores das Escrituras. Então aparecem no texto os preconceitos de Natanael em relação aos galileus. Mas Filipe não para no preconceito e propõe uma experiência: Vem e vê. Hoje diríamos: "vem e vê com teus próprios olhos", antes de falar, veja e faça a experiência!

A seguir, pelo que o texto bíblico mostra, Natanael vai ao encontro de Jesus e segue-se um profundo diálogo com o Senhor:

Jesus viu Natanael que vinha e comentou: "Aqui está um verdadeiro israelita, em quem não há maldade". Natanael perguntou: "De onde me conheces?" Jesus respondeu: "Antes de Filipe te chamar, eu te vi quando estavas debaixo da figueira". Natanael disse: "Rabi, tu és o Filho de Deus, és o rei de Israel". Jesus lhe respondeu: "Tu crês porque eu disse que te vi debaixo da figueira? Verás coisas maiores do que esta". E acrescentou: "Na verdade eu vos digo: vereis o céu aberto e os anjos de Deus subindo e descendo sobre o Filho do homem" (Jo 1,47-51).

A partir do momento em que Jesus <u>vê</u> Natanael, lança seu olhar terno e inicia um <u>diálogo</u> acolhedor. Natanael questiona Jesus, querendo saber de onde o conhece. Jesus <u>ouve</u> sua pergunta e a responde de forma surpreendente, demonstrando que sabe de cada ato nosso, que Ele sempre nos precede e nos vê primeiro. Natanael então vai mudando seu modo de pensar (<u>conversão</u>). O encontro com Jesus liberta de todos os preconceitos.

Depois disso, Natanael vai aprofundando a experiência do <u>discipulado</u>, ao ponto de fazer uma belíssima profissão de fé, à qual Jesus responde com uma promessa de vida eterna – "vereis o céu aberto". Que encontro intenso e envolvente!

Depois dessa experiência com Jesus na "olaria de Deus", na qual acompanhamos todo o percurso realizado por Ele no encontro com os primeiros discípulos, apresentada no texto do Evangelho de João, vamos primeiramente fixar nosso olhar em algumas atitudes-chave de Jesus, elencando-as:

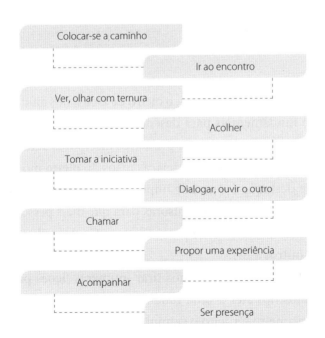

Agora fixemos o olhar nas ações dos discípulos:

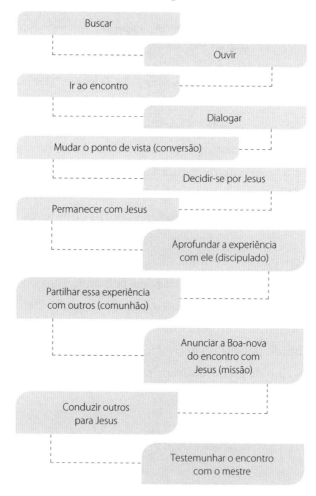

Nossa observação das ações de Jesus, o oleiro de Deus, nos ajuda a perceber que suas atitudes-chave são fundamentais para desencadear o processo de formação dos discípulos missionários. As respostas que os primeiros discípulos deram no processo foram impulsionadas pelas ações de Jesus, ou seja, as mãos do oleiro modelaram os vasos.

Outro ponto de destaque é a grande importância da missão – o anúncio e o testemunho dos discípulos são molas propulsoras para que mais pessoas possam encontrar o Senhor. Quem faz uma experiência profunda com Cristo, se lança no desafio missionário de conduzir outros a Ele.

A partir dessas observações podemos tirar inúmeras lições para a catequese. Mas por enquanto, vamos nos ater a uma fundamental: antes de anunciar e testemunhar Jesus, precisamos primeiro ter feito o caminho, o processo de encontro e a experiência com Ele. Senão nossas palavras e ações não serão fecundas!

CONTEMPLAR A VIDA E BUSCAR CAMINHOS

Antes de darmos continuidade ao nosso "estágio na olaria de Deus", faça o seguinte exercício:

- ✓ Releia o texto Jo 1,35-51, com um novo olhar, deixando-se impregnar pelas ações de Jesus, o oleiro de Deus, e dos discípulos.
- ✓ Faça memória do seu próprio encontro com Jesus, procurando identificar as ações do Senhor e suas próprias ações. Talvez alguém tenha sido o mediador desse encontro. Relembre essa pessoa.
- ✓ Complete o quadro a seguir. É sua hora de entrar na "olaria de Deus"!

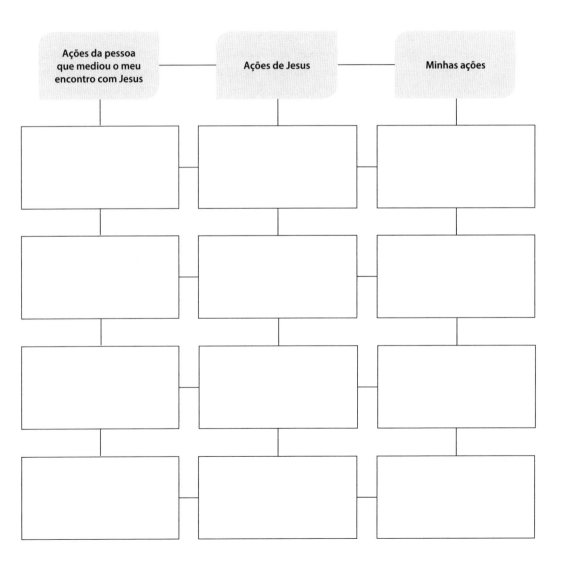

2   O encontro do Apóstolo Paulo com o Ressuscitado

Ao realizar a leitura do texto de Atos dos Apóstolos podemos identificar no encontro do Apóstolo Paulo com o Ressuscitado o que significa estar nas mãos do oleiro. Durante a leitura podemos observar a riqueza de detalhes.

> *Saulo, porém, só respirava ameaças e morte contra os discípulos do Senhor. Apresentou-se ao sumo sacerdote e pediu-lhe cartas de recomendação para as sinagogas de Damasco, com o fim de trazer presos para Jerusalém todos os homens ou mulheres que encontrasse seguindo o Caminho (do Senhor). Durante a viagem, estando já perto de Damasco, foi envolvido de repente por uma luz vinda do céu. Caiu por terra e ouviu uma voz que lhe dizia: "Saulo, Saulo, por que me persegues?" Saulo respondeu: "Quem és, Senhor?" E ele: "Eu sou Jesus, a quem persegues. Levanta-te e entra na cidade; ali serás informado do que deves fazer". Os homens que o acompanhavam encheram-se de espanto, pois ouviam perfeitamente a voz, mas não viam ninguém. Saulo se levantou do chão e, embora tivesse os olhos abertos, não enxergava nada. Tomaram-no pela mão e o conduziram a Damasco. Ali ficou três dias sem ver, sem comer nem beber nada. Havia em Damasco um discípulo chamado Ananias. Numa visão o Senhor lhe disse: "Ananias!" "Aqui estou, Senhor!" respondeu ele. O Senhor ordenou: "Vai à rua Direita e pergunta em casa de Judas por um homem de Tarso, chamado Saulo. Ele está orando". Saulo viu numa visão um homem chamado Ananias entrar e lhe impor as mãos para recuperar a vista. Ananias respondeu: "Senhor, muitos já me falaram deste homem, quanto mal ele já fez a teus fiéis em Jerusalém. E aqui ele tem poder dos sumos sacerdotes para prender todos que invocam o teu nome". Mas o Senhor lhe disse: "Vai, porque este homem é um instrumento que eu escolhi para levar meu nome diante das nações, dos reis e dos israelitas. Eu lhe mostrarei quanto deverá sofrer por meu nome". Então Ananias foi, entrou na casa, impôs-lhe as mãos e disse: "Saulo, meu irmão, o Senhor, esse Jesus que te apareceu no caminho, enviou-me para que recuperes a vista e fiques cheio do Espírito Santo". No mesmo instante caíram-lhe dos olhos como que escamas e ele recuperou a vista. Levantou-se e foi batizado. Depois se alimentou e sentiu-se fortalecido. Saulo passou alguns dias com os discípulos de Damasco. E logo se pôs a pregar nas sinagogas que Jesus é o filho de Deus. Todos os ouvintes ficaram perplexos e diziam: "Não é este aquele que em Jerusalém perseguia os que invocam o nome de Jesus? Não veio para cá a fim de levá-los presos para os sumos sacerdotes?" Saulo, porém, se firmava cada vez mais e confundia os judeus de Damasco, demonstrando que Jesus é o Cristo (At 9,1-22).*

Agora que já temos uma visão geral da cena bíblica, vamos observá-la a partir dos personagens, detendo-nos em suas ações e reações, como fizemos no primeiro texto:

- **Saulo** (futuramente chamado de Apóstolo Paulo):

> *Saulo, porém, só respirava ameaças e morte contra os discípulos do Senhor. Apresentou-se ao sumo sacerdote e pediu-lhe cartas de recomendação para as sinagogas de Damasco, com o fim de trazer presos para Jerusalém todos os homens ou mulheres que encontrasse seguindo o Caminho (do Senhor)* (At 9,1-2).

Judeu convicto, Paulo perseguia os cristãos, acreditando que estes estavam seguindo uma falsa doutrina. Numa destas perseguições, enquanto estava a caminho de Damasco, teve um encontro transformador.

> *Durante a viagem, estando já perto de Damasco, foi envolvido de repente por uma luz vinda do céu. Caiu por terra e ouviu uma voz que lhe dizia: "Saulo, Saulo, por que me persegues?" Saulo respondeu: "Quem és, Senhor?" E ele: "Eu sou Jesus, a quem persegues. Levanta-te e entra na cidade; ali serás informado do que deves fazer". Os homens que o acompanhavam encheram-se de espanto, pois ouviam perfeitamente a voz mas não viam ninguém. Saulo se levantou do chão e, embora tivesse os olhos abertos, não enxergava nada. Tomaram-no pela mão e o conduziram a Damasco. Ali ficou três dias sem ver, sem comer nem beber nada (At 9,3-9).*

Paulo é envolvido por uma luz e cai por terra. Suas convicções são abaladas ao <u>ouvir</u> uma voz. <u>Encontra</u>-se com Alguém que lhe dirige uma Palavra, uma Voz, o Verbo que se fez carne e que <u>toma iniciativa</u> e <u>inicia um diálogo</u>. "Saulo, Saulo, por que me persegues"? Saulo responde com uma pergunta: "Quem és Senhor"?

O coração inflamado de Paulo encontra a resposta a todas as suas <u>buscas</u>: "Eu sou Jesus, a quem tu persegues". Mas como assim? Paulo perseguia os cristãos e não a Jesus. Grande engano! "Jesus é a cabeça do corpo, que é a Igreja" (Col 1,18a). Se Paulo persegue o corpo, persegue-o por inteiro, incluindo a cabeça! Jesus se revela a Paulo justamente assim, identificando-se com os cristãos perseguidos.

Envolto nessa profunda <u>experiência</u> com o Ressuscitado, Paulo percebe que sua vida estava indo na direção errada. Então recebe uma orientação de Jesus: "Levanta-te e entra na cidade; ali serás informado do que deves fazer". Ao aderir a essa indicação, percebemos em Paulo os primeiros sinais de <u>conversão</u>, de mudança de rota.

Após essa abertura inicial, Paulo é conduzido por um novo caminho, um caminho de <u>encontro com a comunidade cristã</u>, à qual ele tanto perseguia. Mas para chegar até lá, Paulo precisa levantar-se, porém ainda necessita de ajuda. É tomado pela mão e <u>acompanhado</u> no caminho, pois seus olhos não enxergam, permanecem extasiados com o brilho daquela luz. A experiência com o Ressuscitado foi tão intensa e marcante, que Paulo vai precisar de tempo para compreender tudo o que aconteceu. E o autor dos Atos dos Apóstolos nos revela que nesse tempo Paulo orou. A oração sintoniza o coração com Deus e recoloca as coisas em seu devido lugar!

- **Ananias:**

> *Havia em Damasco um discípulo chamado Ananias. Numa visão o Senhor lhe disse: "Ananias!" "Aqui estou, Senhor!" respondeu ele. O Senhor ordenou: "Vai à rua Direita e pergunta em casa de Judas por um homem de Tarso, chamado Saulo. Ele está orando". Saulo viu numa visão um homem chamado Ananias entrar e lhe impor as mãos para recuperar a vista. Ananias respondeu: "Senhor,*

muitos já me falaram deste homem, quanto mal ele já fez a teus fiéis em Jerusalém. E aqui ele tem poder dos sumos sacerdotes para prender todos que invocam o teu nome". Mas o Senhor lhe disse: "Vai, porque este homem é um instrumento que eu escolhi para levar meu nome diante das nações, dos reis e dos israelitas. Eu lhe mostrarei quanto deverá sofrer por meu nome" (At 9,10-16).

Ananias recebe do Senhor a <u>missão</u> de ir ao encontro de Paulo. Jesus <u>dialoga</u> com ele, é <u>questionado</u> e fala da escolha de Paulo, dos projetos divinos a respeito do futuro apóstolo, inclusive do sofrimento que virá sobre Paulo. Ananias <u>ouve</u> o Senhor e <u>acolhe a missão</u>. Desde o início do encontro com o Mestre, Ananias colocou-se a serviço: "Aqui estou, Senhor".

Maria também questionou o Anjo Gabriel sobre a missão que recebeu na anunciação. Mas dela certamente Ananias aprendeu a aderir aos projetos do Senhor. Maria, com o seu "Eis aqui a serva do Senhor. Aconteça comigo segundo a tua Palavra" (Lc 1,38), ensinou aos discípulos de Jesus a lição da <u>disponibilidade e do serviço</u>.

- **Encontro de Ananias com Paulo:**

Então Ananias foi, entrou na casa, impôs-lhe as mãos e disse: "Saulo, meu irmão, o Senhor, esse Jesus que te apareceu no caminho, enviou-me para que recuperes a vista e fiques cheio do Espírito Santo". No mesmo instante caíram-lhe dos olhos como que escamas e ele recuperou a vista. Levantou-se e foi batizado. Depois se alimentou e sentiu-se fortalecido. Saulo passou alguns dias com os discípulos de Damasco. E logo se pôs a pregar nas sinagogas que Jesus é o filho de Deus. Todos os ouvintes ficaram perplexos e diziam: "Não é este aquele que em Jerusalém perseguia os que invocam o nome de Jesus? Não veio para cá a fim de levá-los presos para os sumos sacerdotes?" Saulo, porém, se firmava cada vez mais e confundia os judeus de Damasco, demonstrando que Jesus é o Cristo (At 9,17-22).

Ananias vai ao <u>encontro</u> de Paulo e inicia um <u>diálogo</u> fraterno – "Saulo, meu irmão"! Então, pela imposição das mãos de Ananias, Paulo recupera a vista, levanta e é batizado. É o processo de <u>discipulado</u> e <u>comunhão</u>, que levanta a pessoa de suas trevas e lhe devolve a visão. No batismo o pecado cai por terra e o homem novo se levanta, ressuscitado com Cristo.

Em seguida, após todo esse processo iniciático, Paulo toma alimento e se sente fortalecido. A vida da comunidade revigora, a partilha do alimento e da fé vai dando forças. Paulo <u>permanece na comunidade cristã</u>.

E como foi forte para os judeus de Damasco ver um perseguidor dos cristãos demonstrar que Jesus é o Cristo. O texto bíblico nos diz que o testemunho de Paulo confundia os judeus de Damasco, desinstalava-os de suas certezas! Sabemos que esse testemunho foi muito fecundo para a Igreja nascente.

Partimos agora para as atitudes-chave dos personagens de nossa observação. Iniciemos com Jesus Ressuscitado, nosso "divino oleiro", que surpreende Paulo no caminho com as seguintes atitudes:

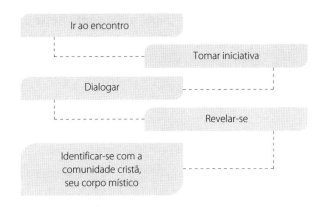

Olhemos agora para Saulo, que depois passará a ser chamado de Paulo. Nele percebemos as seguintes ações:

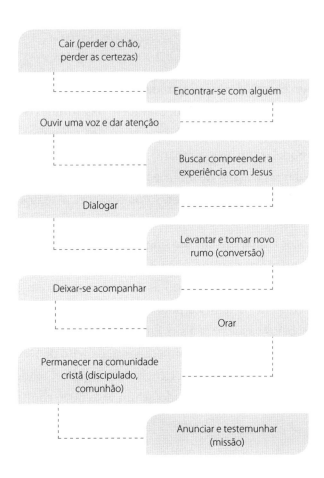

Ananias também desempenhou um papel importante nesse episódio da conversão de Paulo. Por isso vamos apontar aqui suas atitudes-chave:

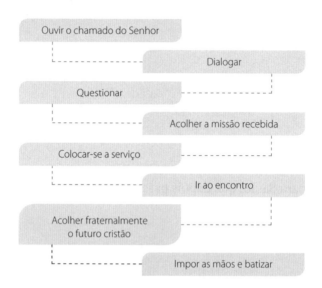

É importante percebermos nessa segunda lição na "olaria de Deus", que a maior parte das atitudes de Jesus, o oleiro do Pai, e também das atitudes de Paulo e de Ananias que vimos aqui já tinham sido observadas no texto dos primeiros discípulos. Há um jeito de o Senhor modelar, ou seja, preparar seus discípulos, exclusivo para cada um, mas sempre com palavras e ações de amor e ternura, que são envolventes e que levam a experiências profundas e transformadoras dos corações. Até dos mais seguros de si, como era Paulo antes da conversão.

O Senhor sabe tocar a cada um em sua singularidade. É fundamental para todo catequista conhecer e contemplar continuamente esse modo de agir de Jesus, para perceber como suas palavras e ações vão ajudando as pessoas a tornarem-se membros da sua Igreja. Em uma linguagem metafórica podemos dizer que suas mãos vão esculpindo, modelando, os mais belos vasos para a sua Igreja.

Para isso é preciso que o catequista conheça Jesus, o oleiro de Deus e deixe-se moldar por Ele, para então poder fazer uma experiência de catequizar, tendo por meta preparar os novos cristãos, como fez Paulo, tornando-se um vaso novo continuamente.

CONTEMPLAR A VIDA E BUSCAR CAMINHOS

O texto de Atos dos Apóstolos nos diz que quando Ananias impôs as mãos em Paulo "no mesmo instante caíram-lhe dos olhos como que escamas e ele recuperou a vista" (At 9,18).

✓ Releia o texto de At 9,1-22, com um novo olhar, "sem escamas", deixando-se impregnar da luz de Jesus.
✓ Faça a memória do seu caminho com Jesus, procurando identificar "as escamas" que estão impedindo de ver a luz de Cristo nos relacionamentos.
  ▪ A cada escama que for encontrando, escreva-a no quadro, colocando-a sob a luz da Palavra de Deus, do texto do Profeta Ezequiel:

    Eu vos darei um coração novo e porei em vós um espírito novo. Removerei de vosso corpo o coração de pedra e vos darei um coração de carne (Ez 36,26).

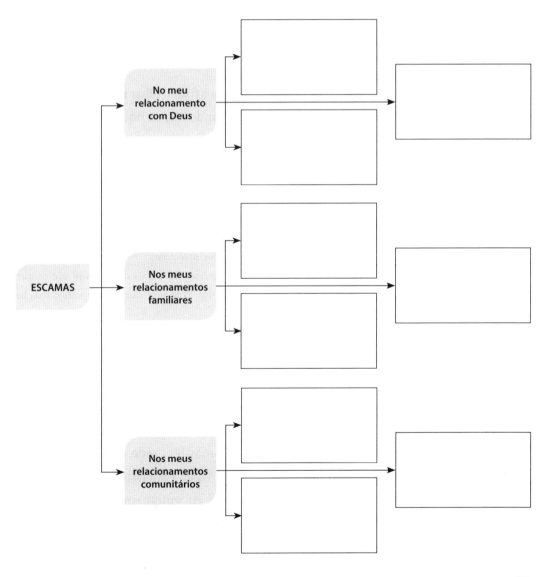

Para encerrar nosso segundo passo do "estágio nas mãos do oleiro de Deus" nada melhor do que as palavras do próprio Paulo, que coroam de forma belíssima toda a sua experiência com Jesus.

Dou graças àquele que me deu forças, a Cristo Jesus, nosso Senhor, porque me julgou digno de confiança e me chamou ao ministério, ainda que antigamente eu fosse blasfemo, perseguidor e violento. Mas alcancei misericórdia, porque agia por ignorância na minha incredulidade. E a graça de nosso Senhor transbordou com a fé e o amor em Cristo Jesus. Eis uma palavra digna de fé e de toda aceitação: Cristo Jesus veio ao mundo para salvar os pecadores, dos quais sou o primeiro. Se encontrei misericórdia foi para que Cristo Jesus mostrasse primeiro em mim toda a sua paciência, e eu servisse de exemplo para todos os que hão de crer nele para a vida eterna (1Tm 1,12-16).

3 O encontro de Jesus com Levi

Para prosseguir nessa caminhada de observação vamos fixar o olhar nas "mãos do oleiro de Deus", a partir de seu encontro com Levi, mergulhando na sua riqueza de detalhes.

Jesus saiu de novo para a beira do mar. Toda a multidão vinha ter com ele, e ele os ensinava. Quando ia passando, viu Levi filho de Alfeu, sentado junto ao balcão da coletoria e lhe disse: "Segue-me". Levi levantou-se e o seguiu. Certa vez, Jesus estava à mesa em casa de Levi. Muitos cobradores de impostos e pecadores estavam sentados junto com Jesus e seus discípulos, pois eram muitos os que o seguiam. Os escribas, que eram fariseus, viram que ele comia com os pecadores e cobradores de impostos e disseram aos discípulos: "Por que ele come e bebe com cobradores de impostos e pecadores?" Ouvindo isso, Jesus lhes disse: "Não são os que têm saúde que precisam de médico, e sim os enfermos. Não vim chamar os justos, mas os pecadores (Mc 2,13-17).

Jesus novamente se coloca a caminho, em movimento, num dinamismo que leva sempre ao encontro com as pessoas. Aqui o texto nos mostra que toda a multidão foi ter com o Senhor e Ele os ensinava. Na multidão cada um tem suas motivações para ir até Jesus. Talvez alguns tenham só motivos superficiais, buscar curas, milagres, saciar a fome de pão, a curiosidade. Mas no fundo as pessoas têm sede de Deus, estão em busca de palavras que lhes tragam um sentido para a vida. Para isso, Deus propõe um encontro pessoal, profundo, transformador. Não quer encontrar somente mais um na multidão, quer lançar um olhar terno para cada um que se deixa encontrar. Nesse texto é para a direção de Levi que o olhar do Senhor é dirigido.

Vamos observar esse encontro a partir dos personagens, detendo-nos em suas ações e reações, como fizemos nos textos anteriores:

- **Levi:**

O Evangelista Marcos nos apresenta Levi como filho de Alfeu, cobrador de impostos, sentado na coletoria, realizando seu ofício.

Os cobradores de impostos não eram bem vistos pelo povo judeu, pois trabalhavam para o poder dominador e cobravam impostos que, segundo os judeus, eram injustos. Além disso, muitas vezes os cobradores de impostos tiravam proveito próprio desse ofício, sobrecarregando ainda mais o povo com cobranças indevidas.

> *Quando ia passando, viu Levi filho de Alfeu, sentado junto ao balcão da coletoria e lhe disse: "Segue-me". Levi levantou-se e o seguiu* (Mc 2,14).

É justamente para Levi que Jesus lança seu <u>olhar</u> terno, o vê ali, sentado na coletoria, parado, fora do caminho do seguimento, estagnado em seu mundinho. Então Jesus lhe <u>dirige uma palavra</u> de autoridade, que o desinstala, que o faz sair daquela situação. "Segue-me". É um chamado tão envolvente, são palavras tão irresistíveis, que Levi <u>ouve</u> e imediatamente <u>age</u>, <u>respondendo ao chamado</u> do Mestre. A <u>experiência</u> do encontro com o olhar de Jesus foi tão marcante, que Levi se deixou envolver de tal forma, ao ponto de deixar tudo para trás e ficar só com o essencial – seguir Jesus.

O evangelista nos diz que Levi, levantando-se, seguiu Jesus. O Senhor colocou esse homem de pé, a caminho, devolveu-lhe a dignidade de filho de Deus e o lançou ao seguimento, ao discipulado. Houve uma completa mudança de rota na vida de Levi (<u>conversão</u>).

> *Certa vez, Jesus estava à mesa em casa de Levi. Muitos cobradores de impostos e pecadores estavam sentados junto com Jesus e seus discípulos, pois eram muitos os que o seguiam* (Mc 2,15).

Na sequência do texto já vemos Jesus e os discípulos na casa de Levi, à mesa com ele e seus amigos, numa cena de <u>convivência, proximidade, fraternidade</u>. Os amigos de Levi deveriam ser pessoas de seu convívio, provavelmente cobradores de impostos e pecadores. E Levi deve tê-los chamado para que também fizessem a experiência com o Senhor. Certamente ele fez o <u>anúncio</u> do encontro com o Mestre e deu <u>testemunho</u> de como foi levantado, resgatado por Jesus. É a dinâmica da <u>missão</u> e da <u>comunhão</u>.

Quem encontrou o Senhor não guarda para si essa alegria, mas vai partilhar com outros, para atraí-los a essa experiência, para colocá-los à mesa com Jesus. É justamente com esses que Jesus quer se encontrar e partilhar a mesa, a vida! Quer dar novo rumo e sentido a essas vidas desviadas!

- **Os escribas, que eram fariseus:**

Esses vão ao encontro de Jesus para criticá-lo, para julgar suas atitudes a partir de seus critérios equivocados.

> *Os escribas, que eram fariseus, viram que ele comia com os pecadores e cobradores de impostos e disseram aos discípulos: "Por que ele come e bebe com cobradores de impostos e pecadores?" Ouvindo isso, Jesus lhes disse: "Não são os que têm saúde que precisam de médico, e sim os enfermos. Não vim chamar os justos, mas os pecadores"* (Mc 2,16-17).

Jesus ouve os questionamentos dos escribas e não os deixa sem resposta. Dá a eles uma palavra de esclarecimento dizendo-lhes que não são os que possuem saúde que precisam de médico, e sim os enfermos. É a possibilidade de compreenderem a lógica de Deus, a lógica do amor misericordioso, que vai atrás das ovelhas perdidas, dos doentes e marginalizados, como eram os publicanos.

Com certeza, todos os que não deram ouvidos a essas palavras de Jesus saíram escandalizados e perderam a oportunidade de estreitar laços com o Senhor.

Fica aqui um alerta a todos nós: não basta encontrar-se com Jesus, é preciso deixar que suas palavras nos façam rever nossos conceitos e preconceitos e nos levem a uma mudança de mentalidade.

Analisemos agora as atitudes-chave dos personagens desse episódio do chamado de Levi. Vamos iniciar novamente com Jesus, nosso "divino oleiro":

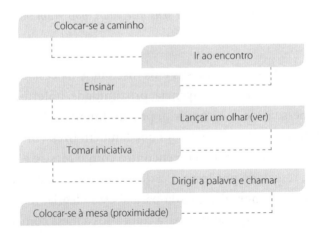

Agora fixemos nossa atenção nas ações de Levi:

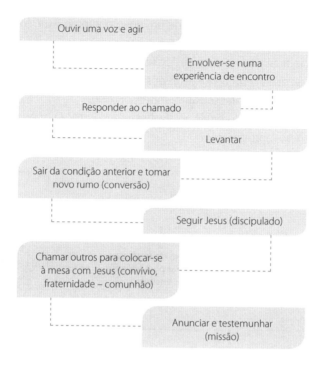

Esse aprendizado na "olaria de Deus" traz uma lição muito importante para todo catequista, todo discípulo missionário: o Senhor quer encontrar e trazer para perto de si os que estão afastados, estagnados, sentados em suas coletorias, mergulhados em seus diversos mundos, envoltos de egoísmo, pecados, ignorância. O amor misericordioso de Deus quer alcançar a todos e não somente um grupinho seleto de "perfeitinhos e puros". Temos que estar atentos para acolher sempre, sem excluir ninguém.

Todos somos vasos que precisam ser cuidados, polidos, ou seja, somos pessoas em busca de nos deixar transformar, assim como Levi que, mesmo em sua fragilidade, permitiu ao Senhor agir em sua vida. Então Jesus o transformou no grande apóstolo e evangelista Mateus. Até hoje, através de seus escritos, muitas e muitas pessoas têm se encontrado com o Senhor e têm se colocado no caminho do seguimento.

As maiores fragilidades do ser humano podem ser utilizadas por Jesus para que Ele possa se aproximar de outros, que também possuem os mesmos problemas. Levi foi um intermediário, um mediador para possibilitar que Jesus se aproximasse de tantos outros publicanos e pecadores.

Para Deus Pai não existe caso perdido, existem pessoas "enfermas", para as quais Ele enviou seu Filho Jesus, que veio dar a vida em resgate de muitos! Que toda a dinâmica do chamado de Levi grave em nossos corações a lição do amor misericordioso e que seja a partir desse olhar amoroso que pautemos nossas ações catequéticas.

CONTEMPLAR A VIDA E BUSCAR CAMINHOS

✓ Releia o texto de Mc 2,13-17, a partir de um novo ponto de vista, com o olhar misericordioso de Jesus.
✓ Como exercício final do encontro de Jesus com Levi, faça uma lista das pessoas de seu convívio com as quais certamente Jesus gostaria de colocar-se à mesa, para torná-las próximas e fazê-las experimentar seu amor misericordioso.
  - Como Jesus agiria para tornar possível esse encontro? O que você pode fazer para colaborar nessa aproximação?

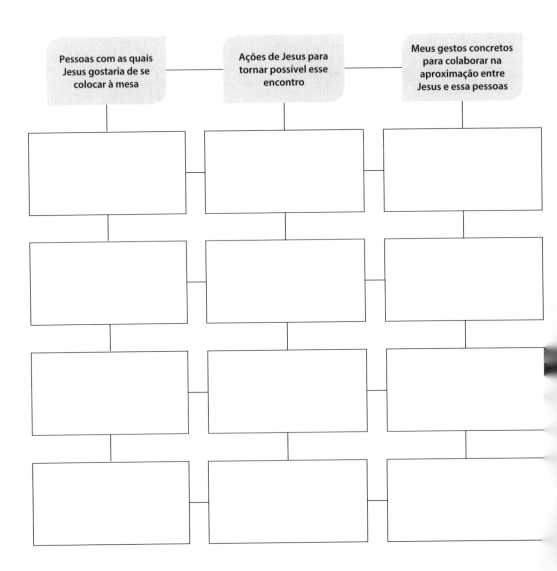

36

4   O encontro no poço de Jacó

Nesse quarto momento, observaremos as 'mãos do oleiro Jesus', que agora estará sentado no poço de Jacó. Para isso, faça a primeira leitura do texto de João, contemplando sua riqueza de detalhes.

Os fariseus ouviram dizer que Jesus fazia mais discípulos e batizava mais do que João – embora não fosse Jesus que batizasse, e sim os discípulos. Ao saber disso, ele deixou a Judeia e voltou para a Galileia. Ele tinha de passar pela Samaria. Chegou assim a uma cidade da Samaria chamada Sicar, próxima das terras que Jacó havia dado ao seu filho José. Ali estava o poço de Jacó. Cansado da viagem, Jesus sentou-se à beira do poço. Era quase meio-dia. Uma mulher da Samaria veio tirar água. Jesus lhe disse: "Dá-me de beber". Os discípulos tinham ido à cidade comprar mantimentos. A mulher samaritana respondeu-lhe: "Como é que tu, um judeu, pedes de beber a mim, que sou samaritana?" Pois os judeus não se dão com os samaritanos. Em resposta Jesus lhe disse: "Se conhecesses o dom de Deus e quem é que te diz 'dá-me de beber', serias tu que lhe pedirias, e ele te daria água viva". A mulher disse: "Senhor, não tens com que tirar água e o poço é fundo, donde tens, pois, essa água viva? Por acaso és maior que nosso pai Jacó que nos deu o poço do qual ele bebeu, junto com os filhos e os rebanhos?" Jesus respondeu: "Quem bebe dessa água tornará a ter sede; mas quem beber da água que eu lhe der jamais terá sede. A água que eu lhe der será nele uma fonte que jorra para a vida eterna". A mulher pediu: "Senhor, dá-me dessa água para que eu não sinta mais sede nem precise vir aqui buscar água". Jesus lhe disse: "Vai chamar teu marido e volta aqui". A mulher respondeu: "Eu não tenho marido". Jesus disse: "Respondeste bem: 'não tenho marido'. De fato, tiveste cinco e aquele que agora tens não é teu marido; nisto disseste a verdade". "Senhor – disse a mulher – vejo que és um profeta. Nossos pais adoraram a Deus neste monte e vós dizeis que é em Jerusalém o lugar onde se deve adorar". Jesus lhe disse: "Mulher, acredita em mim, vem a hora em que nem neste monte e nem em Jerusalém adorareis o Pai. Vós adorais o que não conheceis, nós adoramos o que conhecemos, porque a salvação vem dos judeus. Mas vem a hora, e já chegou, em que os verdadeiros adoradores hão de adorar o Pai em espírito e verdade; estes são os adoradores que o Pai deseja. Deus é espírito, e quem o adora deve adorá-lo em espírito e verdade". A mulher disse a Jesus: "Eu sei que o Messias, que se chama Cristo, está para vir. Quando vier, ele nos fará saber todas as coisas". Disse-lhe Jesus: "Sou eu, que falo contigo". Nisso chegaram os discípulos e se admiravam de que estivesse falando com uma mulher. Mas ninguém perguntou o que ele queria ou o que estava falando com ela. A mulher deixou o cântaro, foi à cidade e disse a todos: "Vinde ver um homem que me disse tudo o que eu fiz. Não será ele o Cristo?" Eles saíram da cidade e foram até onde estava Jesus.
Muitos foram os samaritanos daquela cidade que creram em Jesus pelo fato de a mulher haver dito: Ele me disse tudo o que eu fiz. Assim, quando os samaritanos foram ter com Jesus, pediram que ficasse com eles. E jesus ficou ali dois dias. Muitos outros creram quando o ouviram falar. E diziam à mulher: Já não cremos apenas por causa da tua conversa. Nós mesmos ouvimos e reconhecemos que este é realmente o Salvador do mundo (Jo 4,1-30; 39-42).

Vamos prosseguir nosso aprendizado observando Jesus em seu encontro com a mulher samaritana, mas agora com o auxílio de um quadro que busca relacionar os cinco aspectos fundamentais do processo de formação dos discípulos missionários apresentados no Documento de Aparecida ao percurso feito por Jesus com a mulher samaritana. O quadro apresenta também as atitudes chave de Jesus e da samaritana:

Aspectos fundamentais	Percurso feito por Jesus e pela samaritana	Atitudes-chave de Jesus	Atitudes-chave da samaritana
Encontro	1. Jesus senta no poço, a samaritana chega, acontece o encontro entre eles e inicia-se o diálogo sobre a água.	Encontro, acolhida, diálogo.	Diálogo, primeiros passos para conhecer Jesus.
Conversão	2. Jesus oferece a água viva e a mulher pede desta água.	Nova proposta.	Adesão inicial.
Discipulado	3. Diálogo em torno dos maridos até que a samaritana vê em Jesus um profeta (revelação gradual). 4. Aprofundamento do diálogo, esclarecimento das dúvidas de fé da samaritana, continuidade do processo da revelação gradual de Jesus.	Revelação gradual, esclarecimento das dúvidas de fé da samaritana.	Resposta a Jesus sobre os maridos e aprofundamento do conhecimento sobre o Senhor. Questionamentos sobre dúvidas de fé.
Comunhão	5. Jesus se revela como Messias (levando a um mergulho profundo no Mistério – *mistagogia*). 6. A mulher abandona o cântaro (*purifica* sua decisão fundamental) para ir ao encontro dos samaritanos. 7. Chegam os discípulos (presença da comunidade cristã).	Há uma continuidade do processo de revelação gradual. Presença da comunidade cristã em torno de Jesus.	Decisão fundamental por Jesus, o Messias. Abandono do cântaro para ir até os samaritanos falar sobre Jesus.
Missão	8. A samaritana anuncia que encontrou o Messias, os samaritanos vão até Jesus, fazem experiência com Ele e O reconhecem como Salvador do mundo.	Jesus permanece com os samaritanos e é reconhecido como Salvador do mundo.	Anúncio e testemunho para levar outros à experiência do encontro com Jesus.

O encontro entre Jesus e a samaritana nos coloca em sintonia com todo o processo de Iniciação à Vida Cristã e reforça os aspectos fundamentais na formação do coração do discípulo missionário. A samaritana iniciou o processo duma forma, como "vaso velho" e acabou transformada num "vaso novo", realizando com o seu povo uma catequese querigmática e mistagógica. Ela fez o anúncio querigmático de Jesus e conduziu as pessoas a Ele, para que pudessem aprofundar a experiência pessoal de mergulho em seu Mistério. Quanta riqueza em cada gesto de Jesus e dessa discípula missionária, quanta inspiração para todos nós, catequistas!

Esse ícone bíblico do encontro de Jesus com a mulher samaritana é descrito no documento 107 da CNBB – *Iniciação à vida cristã: itinerário para formar discípulos missionários,* justamente como um referencial para iluminar a prática catequética. O documento traz reflexões sobre os passos a serem dados no caminho de uma ação evangelizadora que seja inspirada no processo de iniciação ao discipulado (encontro, diálogo, conhecer Jesus, revelação, anúncio e testemunho). Conhecer cada um desses passos é de fundamental importância para todo catequista que deseja trilhar um caminho de renovação de sua ação catequética, para torná-la cada vez mais próxima da ação de Jesus.

Finalizemos nossa observação junto ao poço de Jacó com as palavras da Mensagem ao Povo de Deus do Sínodo dos Bispos, na XIII Assembleia Geral Ordinário sobre a Nova Evangelização para a transmissão da fé cristã:

> *Como Jesus, no poço de Sicar, também a Igreja sente que deve sentar ao lado dos homens e das mulheres deste tempo para tornar presente o Senhor na sua vida, para que o possam encontrar, porque só o seu espírito é a água que dá a vida verdadeira e eterna.*

Como catequistas, além de nos colocarmos ao lado da samaritana para aprender com Jesus, é urgente que saibamos nos colocar ao lado de cada catequizando que chega até nós para ajudá-los a encontrarem o Senhor.

CONTEMPLAR A VIDA E BUSCAR CAMINHOS

✓ Releia o texto do encontro de Jesus com a samaritana com um olhar contemplativo e orante. Depois busque colocar-se ao lado de Jesus, junto do poço, num diálogo aberto e sincero e complete o quadro.

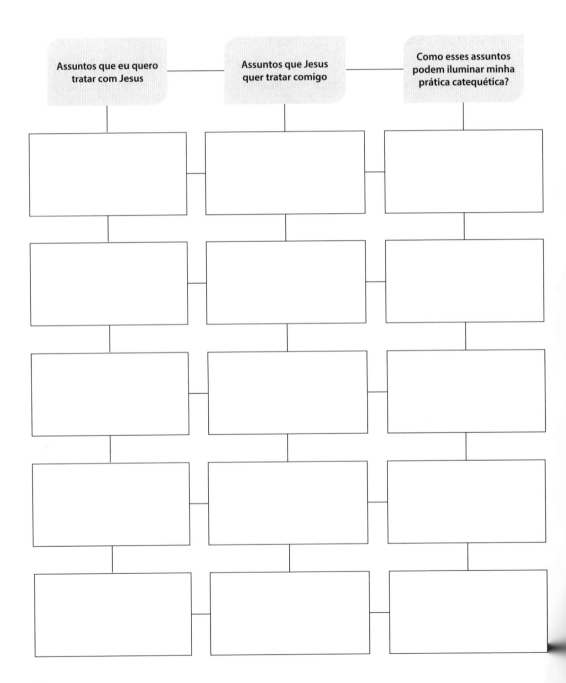

O que aprendemos até aqui?

Agora que já percorremos juntos uma trajetória interessante, através de quatro passagens bíblicas envolvendo doze interlocutores de Jesus (pessoas ou grupos) – João Batista, os dois discípulos de João (André e outro não nomeado), Pedro (chamado por André), Filipe, Natanael, Saulo (Paulo), Ananias, Levi, a multidão, os fariseus e a samaritana – podemos fazer um balanço e recolher as principais lições aprendidas nesse trajeto junto a Jesus, oleiro do Pai.

Jesus tem seus gestos característicos, carregados de amor e de misericórdia, numa busca terna e paciente, que sempre fecunda o coração de quem se deixa encontrar. Dentre esses gestos podemos destacar os seguintes:

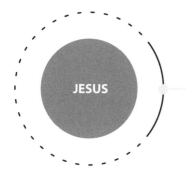

JESUS — colocar-se a caminho, ir ao encontro, tomar a iniciativa, ver (olhar com ternura), dialogar (dirigir a palavra e ouvir o outro), acolher, chamar, propor uma experiência, acompanhar, ser presença, se revelar, ensinar.

Por sua vez, a pessoa que se deixa envolver nesse processo de encontro com o Senhor, também tem atitudes-chave até se tornar discípula missionária e passar a assumir para si a missão de dar continuidade aos gestos do Mestre. Dentre essas atitudes, podemos elencar as seguintes:

PASSOS PARA SER DISCÍPULO — buscar, encontrar-se com Jesus (encontro), dialogar (ouvir, questionar), mudar o ponto de vista (conversão) e decidir-se por Jesus, envolver-se na experiência com Jesus (discipulado), partilhar essa experiência com outros, na comunidade (comunhão), anunciar e testemunhar o encontro com Jesus para trazer outros a Ele (missão).

Muitas dessas atitudes, tanto de Jesus quanto daqueles que o encontraram, já nos haviam sido apontadas pelo Documento de Aparecida, como vimos no início deste capítulo. E todas elas são muito importantes para iluminar a busca por caminhos para uma catequese querigmática e mistagógica. Por isso é fundamental estarmos empenhados cada vez mais na observação e contemplação do agir do Senhor e também das atitudes de resposta dos discípulos, a fim de que possamos identificar pistas seguras para inspirar a nossa prática.

Precisamos incorporar em nosso olhar a grande lição do girassol. Assim como ele se volta constantemente para o sol em busca de sua luz, nós catequistas devemos ter o olhar sempre voltado para Jesus, "o sol nascente que nos veio visitar" (cf. Lc 1,78b), a fim de deixar que a luz do seu agir ilumine nossa ação catequética. Vamos pedir ao Senhor essa graça, através de uma oração:

Oração do "catequista-girassol"

Senhor Jesus,
Quero ter os olhos fixos em ti para aprender sempre mais.
Que a luz do teu agir ilumine minha prática catequética.
Divino oleiro do Pai:
Ajuda-me a colocar-me sempre a caminho, em direção ao outro.
Impulsiona-me a ir ao encontro de todo aquele que eu cruzar.
Dá-me a coragem de tomar a iniciativa e levar a tua Palavra a todos com entusiasmo.
Derrame em meu olhar a tua ternura, para que eu possa ver em cada um a tua presença.
Ensina-me a dialogar com sabedoria, tornando-me capaz de ouvir antes de falar.
Torna-me um catequista que acolhe, chama e sabe propor uma experiência ao teu lado.
Ensina-me a acompanhar as pessoas pelo caminho, sendo presença fraterna e capaz de revelar o teu amor misericordioso.
Dá-me a graça de compreender que na catequese, só será capaz de comunicar a fé quem primeiro souber parar e contigo aprender as lições do Reino!

Amém.

CONTEMPLAR A VIDA E BUSCAR CAMINHOS

Exercitando o olhar

É hora de treinar o olhar para aprofundar a percepção de como Jesus molda o coração de seus discípulos. Para ajudar nessa tarefa, primeiramente precisamos estar abertos para a novidade que o Evangelho sempre traz. Muitas vezes achamos que já conhecemos um texto bíblico, que já sabemos tudo que ele quer dizer. Mas na realidade a Palavra de Deus é sempre nova e atual. Ele sempre vai nos surpreender com algo que não tínhamos percebido ainda. Basta nos abrirmos para que o Espírito Santo aja em nós e nos revele aquilo que a Palavra tem a nos ensinar.

O Evangelista Mateus mostra que Jesus ensinou exatamente isso aos discípulos, após apresentar-lhes uma série de parábolas. Ao concluir os ensinamentos, o Senhor disse a eles:

Por isso, todo escriba instruído na doutrina do reino dos céus é como o pai de família, que tira do seu baú coisas novas e coisas velhas (Mt 13,52).

✓ Experimente exercitar seu olhar para descobrir coisas novas no texto bíblico que segue, já apresentado no início deste livro.

Palavra que foi dirigida pelo Senhor a Jeremias: "Levanta-te, desce à casa do oleiro e lá te farei ouvir minhas palavras". Desci à casa do oleiro e vi que ele trabalhava no torno. Quando se estragava o vaso que estava fazendo, com a argila na sua mão, o oleiro fazia novamente um outro vaso, como lhe parecia melhor. Então a palavra do Senhor me foi dirigida nestes termos: Não poderia eu agir convosco como este oleiro, ó casa de Israel? – oráculo do Senhor. Como a argila na mão do oleiro, assim sois vós na minha mão, ó casa de Israel! (Jr 18,1-6).

Quando você leu esse texto no início do livro o que mais te chamou a atenção?

_____

_____

E agora, fazendo a releitura, tem algo novo que a Palavra trouxe ao teu coração?

_____

_____

Exercício orante: "30 dias com Jesus, o divino oleiro"

Para nos exercitarmos ainda mais na observação dos gestos de Jesus e dos discípulos, nos processos de encontro com o Senhor, que os evangelhos nos trazem, a proposta é para um "estágio de 30 dias com o divino oleiro", Jesus.

43

Procure então voltar para a "olaria" com Jesus e identificar outros gestos dele e ações daqueles que Ele encontrou no caminho, que possam servir de inspiração, ajudando a aprofundar a sua caminhada de discípulo missionário e a enriquecer sua missão catequética. Olhe para cada texto como um novo olhar, aberto para encontrar a novidade contida naquela Palavra. Essas novidades certamente trarão luzes na busca por caminhos para uma catequese querigmática e mistagógica.

✓ Escolha um horário em seu dia e prepare seu ambiente de oração, para realizar a experiência do "estágio com Jesus, o divino oleiro". A cada dia dessa caminhada de oração e observação, você é convidado a realizar os seguintes passos:

1. Silencie o coração.
2. Invoque o Espírito Santo.
3. Faça uma primeira leitura do texto bíblico, saboreando sua riqueza de detalhes.
4. Refaça a leitura pausadamente, buscando identificar os gestos de Jesus na passagem lida (preencha o quadro).
5. Releia o texto pela terceira vez, identificando as atitudes das pessoas que se encontraram com Jesus (preencha o quadro).
6. Contemple o conjunto de ações ocorridas na passagem bíblica e reúna delas aquilo que pode lhe ajudar em sua ação catequética (preencha o quadro).
7. Finalize seu momento orante agradecendo a Deus pela lição recebida.
8. Após realizar seu exercício leia o anexo no final do livro e reflita sobre o que mais você pode acrescentar no seu quadro.

Texto bíblico	Gestos de Jesus	Atitudes da(s) pessoa(s) que se encontraram com o Senhor	Inspirações para minha ação catequética
1 **Lc 5,1-11** *Quatro primeiros discípulos*			
2 **Mc 3,13-19** *Instituição dos doze*			

(continuação)

Texto bíblico	Gestos de Jesus	Atitudes da(s) pessoa(s) que se encontraram com o Senhor	Inspirações para minha ação catequética
3 **Mt 8,1-4** *Leproso*			
4 **Mt 8,5-13** *Centurião*			
5 **Mt 15,21-28** *Mulher cananeia*			
6 **Mc 1,29-31** *Sogra de Pedro*			
7 **Mc 2,1-12** *Paralítico*			
8 **Mc 3,1-6** *Homem da mão atrofiada*			

(continuação)

Texto bíblico	Gestos de Jesus	Atitudes da(s) pessoa(s) que se encontraram com o Senhor	Inspirações para minha ação catequética
9 **Mc 5,25-34** *Mulher hemorroísa*			
10 **Mc 10,13-16** *As crianças*			
11 **Mc 10,17-22** *Jovem rico*			
12 **Mc 10,46-52** *Cego de Jericó*			
13 **Mc 12,41-44** *Oferta da viúva*			
14 **Lc 7,11-17** *Filho da viúva de Naim*			

(continuação)

Texto bíblico	Gestos de Jesus	Atitudes da(s) pessoa(s) que se encontraram com o Senhor	Inspirações para minha ação catequética
15 **Lc 10,38-42** *Marta e Maria*			
16 **Lc 13,10-17** *Mulher encurvada*			
17 **Lc 17,11-19** *Os 10 leprosos*			
18 **Lc 19,1-10** *Zaqueu*			
19 **Jo 2,13-22** *Vendedores do Templo*			
20 **Jo 3,1-21** *Nicodemos*			

(continuação)

Texto bíblico	Gestos de Jesus	Atitudes da(s) pessoa(s) que se encontraram com o Senhor	Inspirações para minha ação catequética
21 **Jo 5,1-18** *Enfermo na piscina de Betesda*			
22 **Jo 8,1-11** *Mulher adúltera*			
23 **Jo 9,1-38** *Cego de nascença*			
24 **Jo 12,1-11** *Unção de Betânia*			
25 **Lc 23,26-32** *Simão Cireneu e as mulheres*			
26 **Lc 23,39-43** *O bom ladrão*			

(continuação)

Texto bíblico	Gestos de Jesus	Atitudes da(s) pessoa(s) que se encontraram com o Senhor	Inspirações para minha ação catequética
27 **Jo 19,25-27** *Jesus e sua mãe*			
28 **Jo 20,11-19** *Maria Madalena*			
29 **Lc 24,13-35** *Discípulos de Emaús*			
30 **Jo 20,24-29** *Tomé*			

2

O PERFIL DO CATEQUISTA A PARTIR DAS REFLEXÕES DA IGREJA

A Igreja, corpo de Cristo, também nos pega pelas mãos e nos modela para a missão catequética. Ela como mãe e mestra, nos aponta caminhos para que sejamos catequistas com corações renovados, capazes de verdadeiramente colocar a catequese a serviço da Iniciação à Vida Cristã.

Esse amparo da Igreja é fundamental, pois ela, como mestra, contribui para que a catequese possa atender aos sinais dos tempos e ajuda a fortalecer a missão e a vocação do catequista. Faz isso por meio de uma série de documentos, tais como Catechesi Tradendae (A Catequese hoje – Exortação Apostólica do Papa João Paulo II – 1979), Catequese Renovada (CNBB – 1983), Diretório Nacional de Catequese (CNBB – 2005), Diretório para a Catequese (Pontifício Conselho para a Promoção da Nova Evangelização – 2020), entre tantos outros que poderíamos citar e que oferecem reflexões e orientações de extrema relevância para a prática catequética.

É importante ressaltar que toda essa riqueza e variedade e de materiais que a Igreja nos coloca nas mãos, fruto da ação do Espírito Santo que vai conduzindo a ação catequética através do Magistério, precisa ser bem explorada e estudada com atenção por todos aqueles que são chamados à missão catequética, a fim de que possamos crescer na compreensão da fé que comunicamos e nos sentirmos mais preparados para bem realizar nosso ministério.

São Paulo, na Carta aos Efésios, nos lembra justamente de que Deus nos prepara para o ministério, pois foi Ele mesmo que chamou a cada um de nós para uma missão, para desempenhar uma tarefa que visa à construção do corpo de Cristo, até que todos cheguemos à unidade da fé e do conhecimento de Cristo.

Ele concedeu a alguns serem apóstolos, a outros, profetas, a outros, evangelistas, a outros, pastores e doutores. Assim preparou os santos para a obra do ministério, em vista da edificação do corpo de

Cristo, até que todos nós cheguemos à unidade da fé e do conhecimento do Filho de Deus, ao estado de homem perfeito, de acordo com a maturidade da plenitude de Cristo (Ef 4,11-13).

"O catequista é um cristão que recebe o chamado particular de Deus que, acolhido na fé, o capacita ao serviço da transmissão da fé e à missão de iniciar à vida cristã" (Diretório para a catequese, n. 112). Essa afirmação reforça aquilo que o Apóstolo Paulo apontou e também traz dois pontos muito importantes:

✓ o catequista recebeu um chamado de Deus, ele é um vocacionado para a missão catequética;

✓ ao receber o chamado de Deus é garantida a sua capacitação para essa missão.

Isso nos faz relembrar uma frase que certamente já ouvimos muitas vezes *"Deus não escolhe os capacitados, mas capacita os escolhidos"*. Sim, Deus nos chama e nos capacita para a missão, mas essa capacitação não é algo mágico, que cai do céu. Ela nos chega através de inúmeras formas, as quais somos convidados a abraçar com seriedade, pois crescer rumo à maturidade em Cristo requer nossa dedicação e perseverança em aprender sempre, através de tudo que a Igreja nos oferece.

Nesse tempo, em que a Igreja está sendo conduzida pelo pontificado do Papa Francisco, é importante destacar que ele sempre demostrou um grande apreço e zelo pelos catequistas, expresso em encontros, discursos e mensagens. Esse zelo já vem de longa data, pois enquanto ainda estava em Buenos Aires, o então Cardeal Bergoglio reunia-se anualmente com os catequistas e deixava uma mensagem com orientações importantes para a prática catequética.

A intencionalidade deste capítulo é apresentar, à luz das orientações da Igreja, especialmente provenientes das mensagens do Papa Francisco, alguns pontos-chave para a ação catequética, de maneira que seja possível aproveitar a riqueza de seus ensinamentos para fundamentar a prática e a renovação do perfil de catequistas para uma catequese querigmática e mistagógica.

Seguiremos na busca de caminhos para crescer sempre rumo à maturidade cristã como catequistas e para proporcionar esse crescimento também aos interlocutores da catequese. Retomaremos o desejo inicial de deixar-nos moldar pelo Senhor, agora através das mãos da mãe Igreja. Finalizaremos cada ponto de destaque com algumas palavras do Papa Francisco, para que seu ensinamento fale fundo em nossos corações.

Pontos-chave para a renovação do perfil do catequista

Como a argila na mão do oleiro, assim sois vós na minha mão, ó casa de Israel (Jr 18,6b).

Antes de nos debruçarmos nos pontos-chave que trarão pistas para a renovação do perfil do catequista para uma catequese querigmática e mistagógica, voltemos ao texto bíblico de Jeremias, que nos faz sentir como a "argila nas mãos do oleiro".

A partir desse texto surge em minha memória uma lembrança dos tempos de criança. Quando eu estava iniciando meu percurso escolar, uma das minhas primeiras professoras levou a turma para conhecer uma olaria. Naquela ocasião visitamos o local para acompanhar o processo da fabricação de tijolos.

Não me recordo muito do que aprendi naquele dia, mas, desde então, tornei-me empenhada na busca por conhecer o processo de fabricação das coisas. Essa curiosidade levou-me a querer entender mais sobre o processo de fabricação dos vasos de argila.

PROCESSO DE FABRICAÇÃO DO VASO NA OLARIA:

Até que o barro disforme se torne um vaso nas mãos do oleiro, ele passa por um longo processo na olaria. Esse processo requer a realização de alguns passos, que apresentaremos aqui associando-os aos pontos-chave para consolidar a renovação do perfil do catequista para uma catequese querigmática e mistagógica. Iniciemos nossa trajetória:

1 O barro é escolhido → o catequista é escolhido e chamado por Deus.

O barro que será usado na olaria precisa ser escolhido, pois dentre inúmeros tipos de barro conhecidos, somente alguns podem ser utilizados para fazer vasos.

Nós podemos associar essa escolha do barro a um ponto-chave para a catequese: é preciso ter clareza de que "ser catequista é uma vocação". Essa vocação provém de uma escolha e de um chamado de Deus.

> *Detrás de cada catequista há um chamado, uma eleição, uma vocação. Esta é a verdade fundadora da nossa identidade: fomos chamados por Deus, eleitos por ele. Cremos e confessamos a iniciativa de amor que há na origem do que somos. Nós nos reconhecemos como dom, como graça...* (BERGOGLIO, 2013, p. 43).

Relembremos brevemente as etapas do processo vocacional: primeiro Deus escolhe alguém para realizar seu projeto e chama essa pessoa, fazendo-lhe uma proposta. Então essa pessoa, ao reconhecer-se chamada, dará uma resposta. A resposta de adesão ao chamado brota de uma experiência profunda do amor de Deus. O vocacionado percebe que Deus o escolheu gratuitamente, apesar de sua pequenez, para uma missão, para anunciar a Boa-nova do Reino. E a cada dia segue correspondendo a esse chamado, na fidelidade ao seguimento de Jesus, através de seu testemunho de fé.

Um aspecto que precisa ser considerado nesse processo é que a vocação traz consigo a força de uma convocação de Deus. E sempre que alguém é convocado para uma tarefa, precisa se posicionar com decisão. Lembro-me do meu pai, grande admirador de esportes, que ficava esperando ansioso para ver o nome dos convocados para a seleção brasileira de futebol. Era uma expectativa feliz e, à medida que os nomes dos jogadores convocados eram revelados, eles recebiam com grande empolgação a notícia e imediatamente se colocavam a disposição do técnico, pois se sentiam honrados em vestir a camisa do nosso país.

A partir desse exemplo, podemos imaginar a alegria dos doze apóstolos, quando foram chamados por Jesus para estarem com Ele e depois partirem para a pregação. Foram os convocados de Jesus naquele momento! Vamos rever esse texto do Evangelista Marcos:

Depois subiu ao monte e chamou os que ele quis. E foram ter com ele. Escolheu doze entre eles para ficarem em sua companhia e para enviá-los a pregar, com o poder de expulsar os demônios. Escolheu estes doze: Simão, a quem deu o nome de Pedro, Tiago, filho de Zebedeu, e João, seu irmão, aos quais deu o nome de Boanerges, que quer dizer filhos do trovão, André, Filipe, Bartolomeu, Mateus, Tomé Tiago, filho de Alfeu, Tadeu, Simão o zelotes e Judas Iscariotes, que o traiu (Mc 3,13-9).

Essa mesma alegria certamente invadirá o coração de todo catequista, ao reconhecer-se convocado por Deus para uma tarefa tão importante na Igreja, que é o anúncio do Evangelho. É necessário ressaltar também que Deus chama através de meios bem concretos, utilizando-se de pessoas ou situações. Temos inúmeros exemplos na Bíblia de pessoas vocacionadas, que passaram por todo esse processo e que vale a pena rever: Abraão (Gn 12,1-9), Moisés (Ex 3,1-12), Samuel (1Sm 3,1-10), Isaías (Is 6,1-8), Jeremias (Jr 1,4-10) e tantos outros.

Nesses exemplos e em tantos outros que conhecemos, percebemos que, diante do chamado, a pessoa sente-se profundamente envolvida pelo amor divino, até o ponto de assumir a missão que Ele dá. O chamado de Deus sempre traz consigo um projeto, uma missão a ser desempenhada. Podemos dizer que a missão é o serviço a ser realizado pela pessoa escolhida e chamada por Deus.

Esse é outro aspecto fundamental que todo catequista precisa ter bem claro: somos chamados para realizar um serviço na Igreja. Não somos chamados para obter algum tipo de *status* ou poder sobre os outros, mas para servi-los. Jesus deixou isso muito evidente na última ceia, quando levantou da mesa, tirou o manto e colocou uma toalha na cintura. Então Ele, o Mestre e Senhor, começou a lavar os pés dos discípulos. Ao final desse gesto deixou-lhes a lição:

Se, pois, eu, o Mestre e Senhor, vos lavei os pés, também vós deveis lavar os pés uns dos outros. Dei-vos o exemplo para que façais o mesmo que eu vos fiz (Jo 13,14-15).

Portanto, somos chamados por Deus para um serviço, uma missão junto ao seu povo. E a missão própria do catequista é levar as pessoas ao encontro e seguimento de Jesus, educando-as na fé para que assumam a vida cristã, tornando-se discípulos missionários. Para isso somos enviados pelo Senhor por meio de uma comunidade e constituídos ministros da Palavra na força do Espírito Santo, para falar em nome da comunidade, fazendo ecoar a Palavra de Deus.

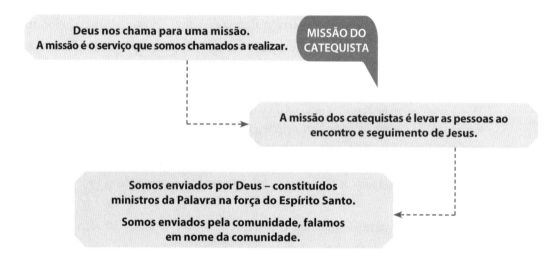

Para exercer essa missão que a Igreja confia aos catequistas, enviando-os para anunciar a Palavra e comunicar a fé, ela, como boa mãe e mestra, que os gerou na fé, agora lhes dá todo suporte, através da vida sacramental. A vocação do catequista está alicerçada nos sacramentos do Batismo e da Crisma e é sustentada pelo Sacramento da Eucaristia.

> *A vocação do catequista é a realização da sua vida batismal e crismal, na qual, mergulhado em Jesus Cristo, participa da missão profética: proclamar o Reino de Deus* (DNC, n. 173).

O Batismo é a fonte de toda vocação, porque nos insere na Igreja, Corpo de Cristo, tornando-nos responsáveis pelo anúncio do Reino. A Crisma enriquece-nos pela força especial do Espírito Santo, que produz um crescimento e aprofundamento da graça batismal, para que possamos "difundir e defender a fé pela palavra e pela ação, como testemunhas de Cristo" (CIgC, n. 1303). Já a Eucaristia, Banquete Pascal, é fonte de sustento para todo catequista, visto que ela nos coloca em comunhão com Cristo, aumentando nossa união íntima com Ele, que se fez pão para nos alimentar no caminho. Portanto, esses três sacramentos da Iniciação Cristã são basilares para a ação catequética.

Para finalizar esse primeiro ponto, é importante salientar que o segredo para assumir com alegria a vocação de catequista e manter-se na fidelidade a esse chamado está em manter uma relação profunda de amor com o Senhor que nos chamou. É daí que brota a força para o cumprimento da missão do catequista, o entusiasmo para a realização do primeiro anúncio com vivacidade e a segurança para conduzir as pessoas ao Senhor, tornando realidade uma catequese querigmática e mistagógica.

Deixemos as palavras do Papa Francisco nos ajudarem a assimilar tudo que a vocação para "ser catequista" implica:

> *Ajudar as crianças, os adolescentes, os jovens, os adultos a conhecerem e a amarem cada vez mais o Senhor é uma das mais belas aventuras educativas, constrói-se a Igreja! "Ser" catequista! Não trabalhar como catequista: isso não adianta! [...] "Ser catequista" compromete a vida: guia-se para o encontro com Cristo através das palavras e da vida, através do testemunho. [...] E "ser" catequistas requer amor, amor cada vez mais forte a Cristo, amor pelo seu povo santo.[...] Este amor vem de Cristo!* (FRANCISCO, 2013) .

CONTEMPLAR A VIDA E BUSCAR CAMINHOS

✓ Procure relembrar do despertar de sua vocação de catequista e complete os quadros. Depois traga à memória todo o caminho que você já realizou na catequese e agradeça a Deus pela escolha e pelo chamado.

 1. Quando foi que coloquei meus pés no caminho da catequese?

 2. Como Deus me chamou? Quem ou que fatos foram determinantes para minha vocação, para despertar meu chamado?

 3. Qual a minha missão como catequista? Sei para onde devo conduzir meus catequizandos?

✓ Releia os textos bíblicos que apresentam alguns chamados vocacionais e preencha o gráfico com uma característica marcante de cada um dos chamados: Abraão (Gn 12,1-9), Moisés (Ex 3,1-12), Samuel (1Sm 3,1-10), Isaías (Is 6,1-8), Jeremias (Jr 1,4-10).
- Depois procure perceber se uma ou mais dessas características também estão presentes no seu chamado vocacional.

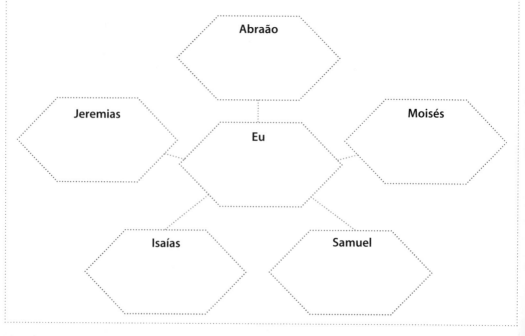

2   **O barro é curtido** → o catequista cultiva a familiaridade com Jesus.

O barro escolhido é deixado em repouso por um tempo, para ser curtido com o objetivo de criar maior liga. No caminho do catequista, podemos associar esse momento a uma atitude extremamente importante, que fecunda a vocação e impulsiona para a missão: o catequista necessita de tempo para estar com o Senhor e cultivar a familiaridade com Ele.

No inesquecível discurso do Papa Francisco, na Jornada dos Catequistas no Vaticano, por ocasião do Ano da Fé, em 27 de setembro de 2013, ele nos indicou o cultivo da familiaridade com Cristo como um dos pontos importantes para que o catequista possa recomeçar a partir de Cristo o seu caminho catequético.

Mas o que significa cultivar a familiaridade com Jesus Cristo?

Cultivar a familiaridade com Jesus significa estar com o Mestre, escutá-lo, aprender com Ele, deixar-se olhar por Ele. É viver unido a Ele como um ramo à videira. Para entender essa relação de familiaridade nos ajuda a leitura do Evangelho de Jo 15,1-5.

> *Eu sou a videira verdadeira e meu Pai é o agricultor. Ele corta todo ramo que em mim não dá fruto, e poda todo aquele que dá fruto, para que produza mais. Vós já estais limpos por causa da palavra que vos tenho anunciado. Permanecei em mim e eu permanecerei em vós. O ramo não pode dar fruto por si mesmo se não permanecer na videira. Assim também vós, se não permanecerdes em mim. Eu sou a videira, vós os ramos. Quem permanece em mim, e eu nele, dá muito fruto; porque sem mim nada podeis fazer.*

Todo catequista precisa tirar um tempo para permanecer com o Senhor e tomar consciência de que Ele habita em seu coração, pois é justamente dessa presença recíproca que brota o impulso para o anúncio querigmático. É preciso estar com aquele que é "o Caminho, a Verdade e a Vida" (Jo 14,6) para podermos conduzir outros nesse caminho de vida plena e tornarmos nossa prática catequética cada vez mais mistagógica.

E na vida diária, como um catequista pode estar com o Mestre, escutá-lo, aprender com Ele, deixar-se olhar por Ele? Temos muitas fontes nas quais podemos fazer a experiência de estar com Jesus: a Sagrada Escritura, os Sacramentos, a comunidade de fé, o irmão que sofre. Em cada uma dessas fontes e em tantas outras o Senhor se faz presente e se deixa encontrar. É preciso colocar-se diante dele para criar familiaridade.

Vamos a um exemplo bem concreto do que é familiaridade entre as pessoas. Na juventude, meu irmão gostava muito de se perfumar. Na convivência diária eu conhecia muito bem o perfume que ele usava. Um dia, ao entrar no elevador do prédio onde morávamos, senti aquele cheiro e imediatamente intui que meu irmão tinha acabado de passar por ali e já estava em casa, pois o ambiente estava impregnado de seu perfume. Eu o conhecia tão bem e tinha tanta familiaridade com ele, que um dos seus costumes me fez compreender onde ele se encontrava. Se naquele momento alguém me perguntasse, eu imediatamente diria que meu irmão já estava em casa.

Agora vamos ligar essa experiência à catequese. Se o catequista tem familiaridade com o Senhor, se conhece seu modo de agir e se costuma permanecer com Ele, com certeza vai saber onde encontrá-lo e como conduzir outros a Ele, para que também possam fazer uma experiência com o Senhor. É assim, na familiaridade com Cristo, que vamos adquirindo a segurança de um "catequista mistagogo".

Poderíamos comparar o coração do catequista que tem familiaridade com Cristo a uma esponja e o amor do Senhor com a água. Se essa esponja for mergulhada completamente na água, ao ponto de ficar encharcada, certamente, por onde passar irá espalhar água. Se nossa vida, nosso ser for mergulhado constantemente na água viva que Jesus nos oferece (cf. Jo 4,14), a partir de nossa familiaridade com Ele, com certeza agiremos espalhando essa água viva a todos que encontrarmos.

Essa é justamente a missão que a Igreja dá aqueles que se colocam a serviço da evangelização na catequese – ajudar a fazer com que outros realizem uma experiência com Jesus e creiam no Evangelho, impulsionados pelo testemunho de um catequista que tem familiaridade com o Mestre, a tal ponto que espalha a água viva que brota do coração do Senhor. E só seremos portadores da água viva de Cristo por onde andarmos e a todos que encontrarmos se cultivarmos continuamente a familiaridade com Ele.

Mas se o catequista descuidar de sua proximidade com Jesus, deixando a esponja de seu coração ressecar, o que acontece? Uma esponja ressecada torna-se endurecida e arranha tudo que toca. Assim também, um catequista que se distancia da água viva que Jesus oferece, pode acabar afastando as pessoas com atitudes duras e rígidas. No dia a dia precisamos estar atentos para mantermos uma sintonia constante com Cristo. Essa é a única forma de evitar que nos tornemos como "esponjas ressecadas".

Outro modo de agir que pode levar ao ressecamento do coração do catequista é o ativismo exagerado. Isto porque quando nos ocupamos do fazer desenfreado podemos perder de vista a familiaridade com Aquele que dá sentido a nossa vocação e missão.

E quando ficamos sem tempo para o Senhor, nossa ação acaba perdendo a vitalidade e o dinamismo, tornamo-nos como os galhos secos, longe da videira.

> *O ramo não pode dar fruto por si mesmo se não permanecer na videira. Assim também vós, se não permanecerdes em mim* (Jo 15,4b).

Portanto, nossa prática catequética só frutificará verdadeiramente à medida que permanecermos cada vez mais unidos ao Senhor. Isso se evidencia desde a preparação dos encontros de catequese. Vamos a um exemplo: se o catequista tira um tempo durante a preparação do encontro catequético para ler e meditar os textos bíblicos presentes naquele encontro e também consegue passar alguns momentos diante do sacrário em oração, certamente encontrará muito mais ferramentas para despertar o encantamento dos catequizandos por Cristo. Assim como o barro precisa de um tempo para ser curtido e criar maior liga antes de seguir no processo para tornar-se um vaso, da mesma forma o catequista precisa de tempo com o Senhor para aprofundar os vínculos com o Mestre e dar mais "liga" à sua prática catequética.

É importante destacar também que a comunidade de fé ajudará a educar o coração do catequista nesse caminho de familiaridade com Jesus. Na comunidade, junto aos irmãos, vamos avançando na convivência com o Senhor, pois ela é lugar privilegiado da presença de Jesus, especialmente quando se reúne para celebrar a Eucaristia. Na missa, Cristo se faz presente na assembleia reunida, Ele ensina através da Palavra proclamada, se dá como alimento no pão e vinho consagrados e age através do padre, em virtude do ministério sacerdotal proveniente do Sacramento da Ordem. Portanto, todo catequista que deseja estreitar seus laços com Cristo e tornar sua prática catequética cada vez mais querigmática e mistagógica precisa frequentar a comunidade de fé com assiduidade.

Finalizando esse ponto, deixemos que as interrogações do Papa Francisco nos desinstalem:

> *"Como é que eu vivo este estar com Jesus, este permanecer em Jesus?" Tenho momentos em que permaneço na sua presença, em silêncio, e me deixo olhar por Ele? Deixo que o seu fogo inflame o meu coração? Se, no nosso coração, não há o calor de Deus, do seu amor, da sua ternura, como podemos nós, pobres pecadores, inflamar o coração dos outros?* (FRANCISCO, 2013).

CONTEMPLAR A VIDA E BUSCAR CAMINHOS

Para aumentar a familiaridade com Jesus podemos utilizar algumas fontes que nos levam a fazer a experiência de estar com Ele: a Palavra, os sacramentos, especialmente a Eucaristia, a comunidade de fé, o irmão que sofre, entre outras.

✓ A partir dessas fontes, como você poderia se reorganizar para passar mais tempo com Jesus e aumentar sua familiaridade com Ele? Escreva seu propósito:

3 **O barro é prensado** → o catequista é um especialista em acolhida.

O barro, depois de curtido, precisa ser prensado para que o ar, as pedras, as raízes e as impurezas sejam retirados, formando uma massa consistente. Essa etapa do processo pode ser associada ao fato de que o catequista precisa realizar um esforço para retirar de sua mentalidade todo tipo de obstáculos e preconceitos, a fim de se tornar capaz de acolher a todos, deixando de lado qualquer forma de exclusão.

Se olharmos para o agir de Jesus, encontraremos luzes para a busca por nos tornarmos "especialistas em acolhida". Relembremos a atitude dele em relação a Paulo, Levi e a mulher samaritana, que vimos no primeiro capítulo: os acolheu do jeito que eram, não deixou que as barreiras culturais e religiosas impedissem que os encontrassem e interagissem com eles, descartando qualquer tipo de preconceito. Esse é o modo de agir do Senhor, que acolhe a todos com sua infinita misericórdia, na altura do caminho em que cada um está, sem pré-julgamentos, colocando-se ao lado de cada pessoa para oferecer-lhe seu amor.

Os evangelhos estão repletos de outros gestos acolhedores de Jesus. Basta observar aquele leproso que implorou a Jesus pela cura e imediatamente recebeu o toque amoroso do Senhor (Mc 1,40-42). Os leprosos eram considerados impuros e totalmente excluídos do convívio social. Jamais alguém os tocaria, pois todos temiam ser contaminados e ficar impuros também. Mas Jesus foi além de todo esse preconceito e acolheu aquele homem, dando-lhe a cura. As crianças (Mc 10,13-16) e as mulheres (Lc 8,1-3) também foram acolhidas pelo Senhor sem qualquer tipo de discriminação. Ele veio trazer a salvação para todos.

A grande novidade contida no querigma está justamente no fato de anunciar esse amor acolhedor e misericordioso de Jesus, que foi capaz de dar a vida por nós, apesar de todos os nossos erros e fragilidades. Ele sempre deixou claro que "não veio chamar os justos, mas os pecadores, porque não são os que têm saúde que precisam de médico, e sim os enfermos" (cf. Mc 2,17). Acolher e anunciar o amor misericordioso de Jesus é ponto fundamental para uma catequese querigmática.

> *O Senhor Jesus ressuscitou, o Senhor Jesus te ama, deu a sua vida por você, para te salvar; e agora ressuscitado e vivo, está ao seu lado todos os dias, para te iluminar, fortalecer, libertar, e se interessa por você* (cf. EG, n. 164).

Jesus acolheu a todos com seus problemas e anseios, com suas dúvidas e desafios, sem se decepcionar ao conversar com cada um. O Senhor tem um coração compassivo e sabe que não somos "perfeitinhos" como gostaríamos de ser. Alguns, como a samaritana, até estranharam o fato de Jesus não a tratar com desprezo ou ar de superioridade por ser homem e judeu. Mas Ele vai além de toda mentalidade que exclui e sempre nos surpreende com a gratuidade de seu amor.

E nós, como será que acolhemos e tratamos nossos catequizandos? Sem nenhum tipo de expectativa, ou decepcionados por eles serem "imperfeitos"? Qual é a nossa atitude diante de cada uma daquelas pessoas que o Senhor está colocando diante de nós? Somos verdadeiramente acolhedores e misericordiosos para com todos, ou temos nossas preferências pelos catequizandos que para nós são os "perfeitinhos"? Não podemos perder de vista o fato de que nossos catequizandos são pessoas a caminho, não estão no ponto ideal ainda! Isso deve ser causa de empenho e não de desânimo.

Jesus escolheu doze apóstolos para formar sua comunidade, como vemos na narração do Evangelista Marcos (Mc 3,13-19). Será que esses 12 apóstolos eram fáceis de lidar e chegaram prontinhos ao Senhor? De jeito nenhum, cada um deles tinha suas lutas e desafios e Jesus precisou de muito amor e paciência na "olaria" para tornar o coração deles um pouco mais em conformidade com o seu coração.

Isso nos ensina que o processo da catequese querigmática e mistagógica, que se coloca a serviço da Iniciação à Vida Cristã, requer paciência e corações abertos para acolher os que chegam a nós do jeito que são, a partir do ponto em que estão. Nem todos caminharão no mesmo ritmo. Cada ser humano é único e fará seu caminho pessoal com Jesus. O catequista é um mediador, um facilitador do encontro e do caminho com Jesus. Não podemos excluir ninguém, precisamos nos esforçar continuamente para deixar de lado todo tipo de preconceito, tornando-nos "especialistas em acolhida", como Jesus ensinou através de seus gestos e palavras.

Também precisamos estar atentos para não nos tornarmos "pedras de tropeço", ou como os fariseus e os escribas, achar que somos os donos da verdade, mais sábios e entendidos do que os outros. Nunca deveríamos agir como se "as chaves" da Igreja e da catequese estivessem em nossas mãos e só permitirmos a entrada de quem nós quisermos. Isso poderia impedir a nossa própria entrada e também a daqueles aos quais temos o dever de dar acesso ao amor de Deus. Jesus repreendeu severamente essa situação (Mt 23,13):

> *Ai de vós, escribas e fariseus hipócritas, que fechais o reino dos céus aos outros! Não entrais vós nem permitis que entrem os que o desejam.*

Assim como o barro, que precisou ser prensado para se tornar uma massa consistente e livre de ar, pedras e impurezas, precisamos conter nosso orgulho, nossa falta de humildade e reconhecermos nossos defeitos e nossa pequenez com simplicidade. São Paulo nos ajuda nesse desafio ao dizer que:

Trazemos, porém, esse tesouro em vasos de barro, para que esse poder extraordinário seja de Deus e não de nós (2Cor 4,7).

Alguém só age sem preconceitos e de forma acolhedora após ter plena consciência de suas próprias fragilidades. Somente quando abraçarmos nossas fragilidades e entendermos que Deus as usou para nos encontrar é que iremos adquirir um olhar misericordioso e capaz de agir da mesma forma para com os outros, sem excluir ninguém, tornando-nos especialistas em acolhida. Só quem aceita seu próprio barro, com suas imperfeições e pedras, será capaz de reconhecer e acolher o outro, para conduzi-lo a Jesus.

Acolhida, caridade e misericórdia são as palavras-chave para todo catequista.

Se há algo que caracteriza a pedagogia catequética, se há algo em que o catequista deveria ser especialista, é a sua capacidade de acolher, de assumir o outro, de tomar cuidado para que ninguém fique à margem do caminho". [...]

Deixe que o Senhor abrace a sua fragilidade, o seu barro, para transformá-lo em força evangelizadora e fonte de fortaleza (BERGOGLIO, 2013, p. 34).

CONTEMPLAR A VIDA E BUSCAR CAMINHOS

- ✓ Olhe para sua vida e vá reconhecendo as suas fragilidades. Escreva-as no coração, entregando-as nas mãos de Jesus, divino oleiro.

- ✓ Escreva uma prece pedindo ao Senhor que lhe torne um "especialista em acolhida" e peça perdão a Ele por todas as vezes que você não soube acolher seus catequizandos.

4 **O oleiro pega o barro nas mãos** → o catequista desenvolve a arte da comunicação, do diálogo, da interação.

Esse é um momento-chave do processo da confecção do vaso, porque nele há um movimento em duplo sentido. O oleiro pega um punhado de barro nas mãos para começar a modelar a peça, deixando nele suas impressões digitais e, ao mesmo tempo, o barro entrega-se totalmente nas mãos do oleiro, deixando-se transformar. Há uma interação entre o barro e o oleiro. Associando essa etapa ao processo catequético, situamo-nos no momento da comunicação, da interação, do diálogo entre o catequista e seu interlocutor.

> *O catequista é um mediador que facilita a comunicação entre os catequizandos e o mistério de Deus, das pessoas entre si e com a comunidade* (DNC, n. 172).

Jesus é especialista na arte de comunicar, de escutar o outro, de dialogar, de dizer palavras que provocam mudanças de atitudes. Na caminhada do primeiro capítulo percebemos isso claramente. É dele que precisamos aprender essa arte, para podermos realizar bem a nossa missão de comunicar a Boa-nova.

> *O objetivo essencial da formação catequética é o de tornar o catequista apto à comunicação da mensagem cristã* (DGC, n. 235).

Inicialmente é importante ter clareza numa questão: "o que" comunicamos? O que o catequista é chamado a anunciar?

Nós comunicamos o Evangelho. Somos chamados a fazer ecoar a Palavra de Deus, que primeiro fecundou nosso próprio ser. Não é uma comunicação qualquer, é a comunicação de um grande tesouro, capaz de transformar a vida das pessoas, é a comunicação da fé. Poderíamos dizer também que é a comunicação da experiência do encontro com uma Pessoa, com a Palavra viva, o Verbo de Deus que se fez carne e veio habitar entre nós (cf. Jo 1,14).

O catequista é um comunicador, um servidor da Palavra de Deus, à qual o modela e educa o coração, tornando fecundo o anúncio realizado. Sem uma intimidade profunda com a Palavra, não há possibilidade de comunicá-la a outros. E para bem comunicar a Palavra, vamos pontuar alguns aspectos importantes do dinamismo da comunicação, aprendidos com Jesus e que estão profundamente entrelaçados: silêncio, escuta e diálogo.

Diálogo é um ponto fundamental na missão catequética. Precisamos dialogar para anunciar o Evangelho. E para que esse anúncio seja acolhido, primeiramente é necessário dar espaço para nossos interlocutores se expressarem, precisamos saber **escutar**! Isso requer silêncio de nossa parte. **Silêncio** dialogado, primeiramente para ouvir a Palavra de Deus, depois para escutar respeitosamente o outro e só então estaremos aptos a falar, a anunciar a Palavra, num diálogo fecundado pelo próprio Senhor! O silêncio é o primeiro passo, que possibilita a escuta, à qual nos leva ao diálogo. É uma sequência de ações importantes, que precisam estar sintonizadas no coração e na vida do catequista.

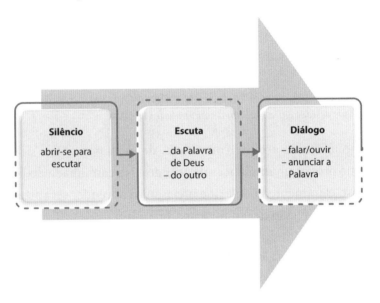

Muitas vezes nós não estamos abertos a dialogar. Fazemos um planejamento para o encontro catequético sem deixar espaços para que os catequizandos interajam. É como se oferecêssemos suco de laranja a quem quer tomar café. Não paramos para conhecer a pessoa, não mergulhamos no contexto em que ela vive e nem deixamos que ela diga o que deseja, damos nosso suco e pronto! É aquilo que preparamos e ai de quem atrapalhar ou pedir outra coisa que tome tempo. Preparamos o suco com tanto carinho!

Não há dúvidas de que o catequista prepara o encontro com zelo e empenho, mas é preciso ser maleável também para que os catequizandos possam participar, interagir, ter vez e voz no processo catequético.

A comunicação e a educação da fé, que a catequese proporciona, requerem interação, participação, são vias de mão dupla, como no exemplo do oleiro e do barro. O oleiro precisa do barro para fazer o vaso e o barro precisa do oleiro para tornar-se um vaso. Ambos participam desse dinamismo. Na catequese esse dinamismo participativo fruto de um diálogo fecundo, é fundamental. A Iniciação à Vida cristã só acontecerá à medida que soubermos envolver ativamente os interlocutores no processo.

Como catequistas mistagogos, que desejam conduzir as pessoas ao encontro com Jesus, para tornarem-se discípulas missionárias, não podemos esperar um processo estático. A iniciação de alguém à vida cristã nem sempre se dá de maneira cronometrada ou num caminho linear. Conduzir pelo caminho implica deixar o outro se expressar para que assim estabeleçamos uma sintonia durante o processo evangelizador e consigamos comunicar a fé com mais propriedade.

Tantas vezes Jesus parou no caminho e interrompeu o que estava fazendo, para escutar as pessoas, dar-lhes atenção e dialogar com elas. Vale lembrar aqui algumas passagens bíblicas: encontro com o cego de Jericó (Mc 10,46-52), com a mulher hemorroísa (Mc 5,25-34), com os dez leprosos (Lc 17,11-19), com os discípulos de Emaús (Lc 24,13-35). Essas e tantas outras pessoas ganharam a atenção do Mestre. Ele deixou, por um momento, seu planejamento de lado e deu espaço para dialogar com o ser humano. E todos se sentiram profundamente acolhidos, respeitados e amados.

Nossos interlocutores só darão atenção às nossas palavras se sentirem-se acolhidos e também valorizados em suas colocações e anseios. Precisamos ter um coração aberto, a fim de que saibamos criar e recriar o diálogo entre quem o Senhor nos confia na catequese e nós, catequistas, que acreditamos e queremos seguir anunciando que Jesus está vivo e nos ama como ninguém!

Outro fator extremamente importante na "arte de comunicar a Palavra de Deus" é a gradualidade. Deus revelou-se progressivamente ao ser humano dentro da história da salvação e nunca devemos esquecer essa grande verdade. A Iniciação à vida cristã é um processo, um itinerário com tempos e etapas.

Jesus também usou desta pedagogia progressiva ao se revelar aos discípulos de Emaús, à mulher samaritana e a tantos outros. Temos que ter a capacidade de fazer da nossa catequese um espaço mistagógico, ou seja, saber conduzir nossos catequizandos ao Mistério com paciência, sem pressa, ouvindo suas dúvidas e dando os esclarecimentos necessários, sem apressar o processo de cada um.

Aprendemos muito bem com nossas mães que se não esperarmos o tempo suficiente para o bolo assar, ele não ficará gostoso. E também não adianta tirar o bolo do forno para comer sem deixá-lo esfriar. Tudo tem um tempo para ficar no ponto certo. Tem um antigo ditado popular que diz que "o apressado come cru e quente". Assim também é na catequese – gradualidade, progressividade, caminhada, um passo de cada vez!

Esperar o tempo de cada pessoa é uma lição de grande sabedoria. A samaritana disse a Jesus que esperavam a vinda do Messias! E Ele não iniciou o diálogo já falando que esse Messias esperado estava ali, diante dela. Primeiro houve toda uma preparação do terreno, um diálogo, que foi facilitando o entendimento progressivo por parte da mulher, até que ela estivesse pronta a reconhecer Jesus como o Messias!

Assim também aconteceu com os discípulos de Emaús. Jesus se aproximou deles, estabeleceu um diálogo, ouviu suas inquietações e aos poucos foi explicando as Escrituras, até que no ápice do encontro, no partir do pão, os próprios discípulos reconheceram o Ressuscitado! Depois eles mesmos compreenderam todo esse processo ao constatarem:

Não se nos abrasava o coração, quando ele nos falava pelo caminho e nos explicava as Escrituras? (Lc 24,32).

Como Jesus, o catequista se aproxima dos catequizandos, ouve suas inquietações e depois fala a eles pelo caminho, durante a caminhada catequética, acompanhando-os nas diversas etapas da Iniciação à Vida Cristã. E fala gradativamente, não tudo de uma vez. Realiza uma parte do caminho com aqueles catequizandos e não todo o caminho, pois outros catequistas ajudarão a dar continuidade no processo de comunicação da fé daqueles futuros discípulos missionários.

Vamos a um exemplo bem prático: imaginemos que uma pessoa adulta come, ao longo de um ano muitos quilos de arroz. Agora imagine você comendo muitos quilos de arroz de uma vez só. Certamente não é possível! Nos primeiros quilos você já nem vai mais querer ver arroz na frente. A partir deste exemplo, tomemos cuidado para não querer apresentar toda a revelação aos nossos catequizandos de uma vez só! Cuidado para não os empanturrar!

A comunicação requer ainda a capacidade de propor a certeza do Evangelho, num tempo onde tudo parece instável, mas dando liberdade para adesão, sem impor. Jesus nunca obrigou ninguém a segui-lo. Ele sempre convidou, chamou e amorosamente esperou cada pessoa dar sua resposta de adesão, ou não, à sua proposta. Nós, infelizmente, não temos a mesma paciência, somos um tanto imediatistas e queremos logo ver os frutos de nossa evangelização. Esquecemos que a nós cabe anunciar a Palavra, comunicar a fé. Depois cada um vai acolher a Palavra em sua vida de forma diferente e vai ter um tempo próprio para assimilar as experiências e os ensinamentos que a catequese oferecer. Não podemos querer impor o Evangelho a ninguém!

O exemplo do jovem rico é muito concreto neste sentido. Jesus apresentou uma proposta a ele, mas deixou-o livre para decidir. Revisite esta cena no Evangelho de Mateus (Mt 19,16-22) e observe nesse diálogo a forma como Jesus agiu.

São João Paulo II, disse aos catequistas certa vez: "Semeai, o resto fará o Senhor!" Realizemos com alegria nossa missão de comunicar a Palavra, confiantes que o Senhor se encarregará de fazer germinar a semente, pois sabemos que na evangelização a graça de Deus sempre nos precede. O Senhor une sua graça aos nossos esforços e faz a cate-quese frutificar, a seu tempo! Sejamos comunicadores da fé e da esperança que brota do Evangelho!

Dialogar é estar atento à Palavra de Deus e deixar-se interrogar por Ele; dialogar é anunciar sua Boa-nova e também saber "auscultar" as perguntas, as dúvidas, os sofrimentos e as esperanças de nossos irmãos [...]. É preciso escutar para tornar possível o diálogo verdadeiro hoje! Em todos os níveis, em todos os âmbitos. Diálogo, encontro e respeito constantes de Deus, Trinitário e próximo, que fez de você um partícipe de sua pedagogia de salvação. Não se esqueça: como catequista, mais que falar, você deve escutar; está chamado a dialogar (PAPA FRANCISCO, 2013, p. 61).

CONTEMPLAR A VIDA E BUSCAR CAMINHOS

✓ Identifique nos textos bíblicos indicados a dinâmica do processo de comunicação e complete o gráfico com as frases ou palavras que expressam cada momento:

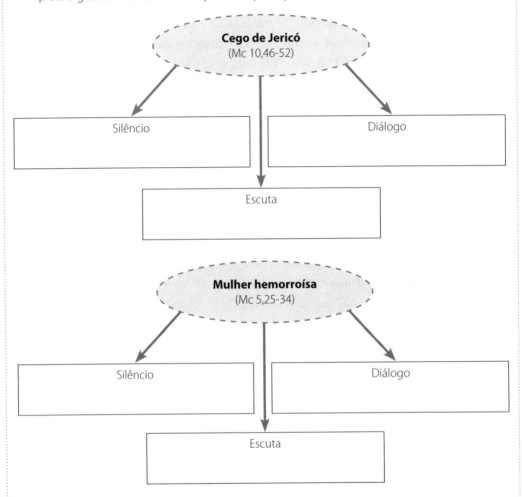

✓ Identifique em sua prática catequética uma situação que seja exemplo de cada um dos aspectos da comunicação que foram refletidos no texto.

Arte de comunicar		
Diálogo	**Gradualidade**	**Liberdade de adesão**

5 O oleiro concentra o olhar na sua obra → o catequista concentra-se na arte de acompanhar, na pedagogia da presença e da proximidade.

Enquanto está modelando o barro para dar forma ao vaso, o oleiro coloca toda a sua atenção no processo que está realizando. Ele concentra o olhar em sua obra e acompanha cada movimento das próprias mãos com todo cuidado, envolvendo-se completamente naquela ação. No desempenho de sua missão, o catequista também precisa acompanhar o interlocutor ao longo do caminho, fazendo-se presente com olhar atento e terno, que expressa a proximidade de alguém que está junto e caminha lado o lado na jornada da vida cristã.

Esse ponto é tão rico e importante para o processo catequético que vamos desenvolver a reflexão desmembrando-o em três partes: arte de acompanhar, a pedagogia da presença, a pedagogia da proximidade. Os três aspectos de entrelaçam, mas vê-los separadamente nos ajudará na compreensão de cada um e a ter uma visão global no final.

a) A arte de acompanhar

Vamos partir de um exemplo que ilustra bem a importância dessa arte. As crianças, quando estão aprendendo a andar, geralmente são acompanhadas pelos pais até adquirirem segurança. Os pais se colocam próximos dos filhos, com olhar atento e essa presença impulsiona os pequenos a tentarem os primeiros passinhos, sem desanimar com as quedas. É interessante perceber que numa família cada filho tem um ritmo diferente, uns desenvolvem mais rápido as habilidades e caminham cedo, outros demoram mais em todo esse processo.

Assim também acontece na caminhada de fé das pessoas. Há uma diversidade, uns avançam mais rápido, outros têm um ritmo mais lento. Ao catequista cabe acompanhar com atenção a cada um em sua singularidade. Jesus, ao contar a parábola do Filho pródigo (Lc 15,11-32) nos traz alguns ensinamentos nessa direção. O pai misericordioso da parábola soube acompanhar cada filho em suas decisões, em suas idas e vindas, erros e acertos, mas sem julgar ou excluir, apenas esperando cada um dar seus passos, sem nunca deixar de amá-los. Ao filho mais novo deu a liberdade de ir e realizar suas experiências de vida, mesmo que equivocadas. E soube acolhê-lo no momento da volta para casa arrependido. Ao filho mais velho soube ensinar a alegria de acolher e perdoar quem errou.

O catequista mistagogo, durante o processo para conduzir os catequizandos a Jesus, também deve estar disposto a acompanhá-los com paciência, respeitando o ritmo e as escolhas de cada um, sem ansiedade ou desânimo nos momentos difíceis, como aquele pai misericordioso da parábola. Acompanhar com olhar atento e proximidade, fazendo-se presença acolhedora e amorosa ao longo do caminho, até que cada um dê passos firmes em direção a Jesus e esteja pronto para acolher os ensinamentos do Mestre.

b) A pedagogia da presença

Fazer-se presente na vida daqueles que estamos conduzindo torna o caminho mais fecundo e é uma atitude fundamental no processo catequético. Jesus fez exatamente isso com tantas pessoas. Vamos relembrar dos discípulos de Emaús (Lc 24,13-35). Eles estavam voltando para Emaús numa tristeza profunda pela morte do Mestre. A esperança desapareceu e o caminho tornou-se sombrio. Então Jesus se aproximou, se fez presença atenta e caminhou com eles. Aos poucos o coração dos dois foi se aquecendo enquanto o Senhor explicava as Escrituras. Aquele companheiro de caminhada, com sua presença amiga, fez tão bem, que os dois discípulos não quiseram deixá-lo ir, o convidaram para permanecer e cear com eles.

> *Permanece conosco, pois cai a tarde e o dia já declina. Entrou então para ficar com eles* (Lc 24,29).

Enquanto ceavam, o gesto de partir o pão os fez reconhecer naquela presença o próprio Senhor. A esperança voltou, o caminho se iluminou e a missão de anunciar o encontro com o Ressuscitado provocou o retorno dos discípulos a Jerusalém. A proximidade com o Senhor trouxe o desejo de aproximar-se dos irmãos.

A presença "mistagógica" do catequista na vida dos catequizandos, ao longo do caminho da fé tem o potencial de devolver a esperança àqueles que estão desanimados, trazer ardor aos corações por meio da Palavra anunciada e proporcionar a experiência de fazê-los reconhecer a presença do Ressuscitado na comunidade que se reúne para partir o pão, ao redor da mesa eucarística.

c) A pedagogia da proximidade

A atitude de criar proximidade e se envolver na vida do outro para caminhar lado a lado, não pode ser descuidada pelo catequista no decorrer do processo mistagógico. O Papa Francisco nos ensina que os discípulos missionários sabem envolver-se com seus interlocutores, contraindo o "cheiro das ovelhas". Envolver-se para entrar na vida do outro com toda a sinceridade, para fazer-se próximo nas alegrias e desafios (EG, n. 24). Lembremos de Jesus, ao entrar na cidade de Naim e se deparar com uma mãe viúva chorando a morte de seu filho único (cf. Lc 7,11-17). Ele não ficou indiferente, envolveu-se com a dor daquela mulher, entrou em seu sofrimento e lhe devolveu o filho com vida. Fez-se próximo para fazer a diferença, para transformar aquela situação.

Quantas vezes nossos interlocutores chegam ao encontro de catequese com seus corações dilacerados pelas mais variadas situações de sofrimento. Precisamos estar atentos, concentrar o olhar em cada um, como o oleiro faz com o barro, e tentar criar uma proximidade que proporcione um pouco de alívio, justamente por estar carregada do anúncio querigmático do amor de Cristo. Nem sempre teremos respostas concretas para diminuir o sofrimento das pessoas, mas só o fato de nos colocarmos ao lado delas naquele momento já torna o fardo mais leve e faz a diferença.

Aproximar-se do outro e envolver-se em sua história através de uma proximidade sincera nos desinstala e talvez até nos faça empenhar muito mais forças na catequese, porém certamente é esse o modo mais frutífero para um caminho querigmático e mistagógico. Basta lembrar da parábola do bom samaritano (Lc 10,29-37). A compaixão com aquele homem caído à beira do caminho tirou o samaritano de seu trajeto de viagem, o fez gastar seu óleo, seu vinho, seu tempo e até seu dinheiro, mas é esse tipo de atitude que Jesus nos pede. Não é a indiferença do sacerdote ou do levita. Somos chamados a fazer a diferença na vida das pessoas pela nossa presença imbuída da alegria de quem tem Jesus como Senhor e Salvador.

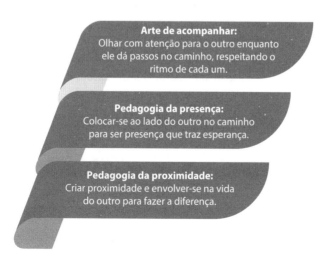

Arte de acompanhar:
Olhar com atenção para o outro enquanto ele dá passos no caminho, respeitando o ritmo de cada um.

Pedagogia da presença:
Colocar-se ao lado do outro no caminho para ser presença que traz esperança.

Pedagogia da proximidade:
Criar proximidade e envolver-se na vida do outro para fazer a diferença.

Olhando para esses três aspectos – acompanhar, estar presente e criar proximidade, surge logo na mente a figura da mãe. Uma mãe sabe muito bem como acompanhar o filho no seu processo de desenvolvimento, ela se faz presente em todos os momentos importantes de sua vida, numa proximidade repleta de um amor incondicional. Vamos associar agora esses aspectos à nossa "mãe Igreja". Ela como boa mãe que é, também sabe acompanhar os filhos incansavelmente, desde seus primeiros passos, fazendo-se presença amorosa e próxima, até que eles cheguem à maturidade da fé. Para isso conta com os catequistas.

Portanto, quando alguém chega à comunidade buscando a catequese, precisamos estar abertos para acolher e depois acompanhar essa pessoa, sem medir esforços nesse processo, por mais desafiador que pareça. Não podemos nos deixar paralisar pelas dificuldades do caminho, pois em cada pessoa que o Senhor nos envia, Ele nos desinstala, nos apresenta novas possibilidades evangelizadoras e novas esperanças.

Foi assim com a Virgem Maria, quando ela soube que ia ser a mãe do Salvador! Aquela notícia do nascimento de Jesus a desinstalou e, ao mesmo tempo, trouxe a ela, e posteriormente a todos nós, uma alegria infinita. A primeira coisa que ela fez depois do anúncio do Anjo Gabriel foi sair correndo ao encontro de Isabel, para acompanhá-la na gravidez de João Batista. Maria soube ser presença servidora, numa proximidade cheia de júbilo (cf. Lc 1,26-56). Maria pode nos auxiliar muito nesse caminho inspirando-nos na arte do acompanhamento, da presença e da proximidade, para desenvolvermos uma catequese querigmática e mistagógica.

> *Em nosso trabalho de evangelização, Deus nos pede que acompanhemos um povo que caminha na fé. Por isso o Senhor nos oferece rostos, histórias, buscas...*
> *[...]*
> *[...] Convido-os a renovar sua vocação de catequista e colocar toda a sua criatividade em "saber estar" próximo de quem sofre, tornando realidade uma "pedagogia da presença", na qual a escuta e a proximidade não sejam apenas um estilo, mas o conteúdo da catequese* (BERGOGLIO, 2013, p. 34; p. 70).

CONTEMPLAR A VIDA E BUSCAR CAMINHOS

✓ Desde que você começou sua missão na catequese, certamente já acompanhou muitas pessoas na caminhada de fé. Relembre aqui de três catequizandos, descrevendo os momentos que mais marcaram a sua experiência de estar próximo deles.

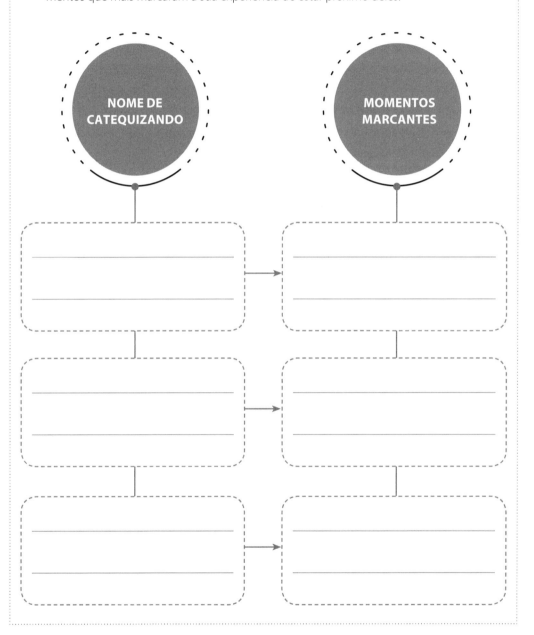

6 **O oleiro abre um espaço no interior do barro** → o catequista abre-se
para ir ao encontro do outro.

Chega o momento do processo em que o oleiro rasga o barro, abrindo um espaço
em seu interior, para que o vaso vá adquirindo forma e possa ter espaço dentro de
si. O catequista também precisa criar espaço dentro de si e dentro de seu cotidiano
para ir ao encontro do outro levando a alegria do Evangelho. É a dimensão missionária da catequese, que requer a abertura do catequista ao outro e a disponibilidade
para colocar-se a caminho, em saída.

Na Sagrada Escritura encontramos muitos exemplos dessa dinâmica missionária:
Abraão, que deixou a sua terra e se colocou a caminho em obediência ao Senhor; Moisés,
que caminhou com o povo pelo deserto até a Terra Prometida, após a fuga do Egito; Maria, que saiu de sua casa e foi ao encontro de sua prima Isabel, assim que recebeu o anúncio do Anjo Gabriel, entre tantos outros exemplos. Faz parte da vida do povo do Senhor
esse abrir-se para caminhar, sair de si e ir ao encontro do outro.

O próprio Jesus aparece nos evangelhos sempre em movimento, num contínuo "ir
ao encontro" das pessoas. O mistério de sua Encarnação já nos remete a esse aspecto.
Jesus saiu do seio da Trindade para vir ao encontro da humanidade que necessitava de
ajuda e de salvação. Essa presença do Salvador, que veio ao nosso encontro, foi anunciada solenemente pelo anjo aos pastores, por ocasião do nascimento de Jesus:

> *Não temais! Pois vos anuncio uma grande alegria, que é para todo o povo: Nasceu-vos, hoje, na*
> *cidade de Davi, um Salvador, que é Cristo Senhor (Lc 2,10-11).*

Para nos ajudar a refletir um pouco mais em como pode acontecer o movimento
de abrir-se, sair de si e ir ao encontro do outro, o Papa Francisco nos apresenta um
belo exemplo para o agir do catequista. Diz ele: Nosso coração vive sempre o movimento de sístole – diástole (discurso na Jornada dos Catequistas, em 27 de setembro
de 2013). Na diástole o coração está relaxado e o sangue entra nesse órgão, já na sístole o coração está contraído e o sangue sai para os vasos. Se usarmos como exemplo
esse movimento, podemos dizer que no agir do catequista temos um momento de
diástole, no qual nos unimos a Jesus e recebemos seu amor e, em seguida, realizarmos
a sístole, ou seja, vamos ao encontro do outro para comunicar esse amor.

Portanto, há uma força centrípeta, uma força orientada em direção a um centro,
no caso ao coração do catequista, durante a qual ele recebe o querigma como dom e o

acolhe com todo o seu ser, mergulhando profundamente em Cristo. E depois há uma força centrífuga que impele o catequista a sair de si mesmo para levar esse amor recebido, esse querigma acolhido para oferecê-lo ao outro como dom. É o impulso missionário que envolve todo aquele que teve uma experiência profunda com o Senhor.

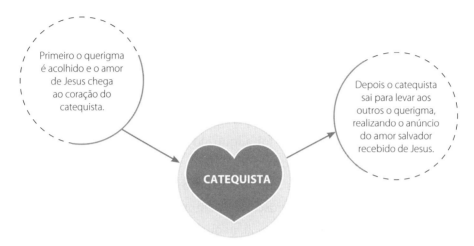

Esse exemplo deixa muito claro que nós catequistas também somos chamados a caminhar, a tomar a iniciativa de ir ao encontro das pessoas que Deus nos confiou para levar a experiência querigmática e mistagógica que vivenciamos constantemente. Para isso, é necessário abrir-se, criando espaço nas atividades cotidianas a fim de poder organizar-se nesse sentido. Como é importante, por exemplo, realizar uma visita às famílias dos catequizandos antes de iniciar os encontros e também no decorrer do processo catequético. São iniciativas frutuosas que aproximam o agir do catequista do agir de Deus, que sempre se antecipa, toma a iniciativa, vem ao nosso encontro e nos precede com seu amor.

Sair de si para ir até o "mundo" do outro, à casa do outro é uma forma muito eficaz de conhecê-lo um pouco melhor e começar a abrir as portas do seu coração para a acolhida da mensagem do Evangelho. Jesus foi o grande exemplo disso, como já observamos no capítulo anterior, em tantos encontros nos quais Ele tomou a iniciativa e proporcionou experiências profundas aos corações dos futuros discípulos missionários. O Senhor gostava de ir à casa das pessoas. Foi assim com Zaqueu (Lc 19,1-10), com Marta e Maria, irmãs de Lázaro (Lc 10,38-42), com Pedro (Lc 4,38-39) e muitos outros. Em cada uma destas "visitas missionárias" as vidas foram transformadas.

Outro aspecto importante na catequese, quando se fala de tomar a iniciativa e "ir ao encontro", é tomar consciência de que toda semana quem precisa chegar primeiro e preparar com zelo o local do encontro para receber os catequizandos é o catequista. Com essa atitude ele está se antecipando e preparando o encontro entre cada um de seus catequizandos e Jesus. Também o próprio catequista vivencia esse encontro com o Senhor junto com seus catequizandos, na pequena comunidade catequética e também é evangelizado.

Observemos ainda outro aspecto da dimensão missionária da catequese, tão necessário na realidade atual – trata-se da necessidade de alcançar aqueles que estão afastados, excluídos. Não podemos ter medo de ir até essas pessoas nos abrindo para desempenhar também com elas o papel querigmático e mistagógico do catequista. É preciso empreender continuamente a peregrinação às periferias, deixando de lado o conforto e a segurança do que já foi adquirido para alcançar aqueles que estão à margem do caminho da evangelização.

Quando nos disponibilizamos a sair ao encontro do outro que está mais afastado, mais ferido e excluído, Jesus vai conosco, Ele sempre toma a iniciativa e nos precede. Além disso, é o próprio Senhor que está lá, naquele irmão mais necessitado, como nos ensinou no Evangelho de Mateus (Mt 25,39-40):

> *Quando foi que te vimos enfermo ou na cadeia e te fomos visitar? E o rei dirá: Eu vos garanto: todas as vezes que fizestes isso a um desses meus irmãos menores, a mim o fizestes.*

Que as palavras do Papa Francisco nos impulsionem no caminho em direção ao outro:

> *Temos que ir semeando esperança, temos que sair às ruas. Temos que sair e buscar. [...] Vamos continuar em casa? Vamos ficar fechados na paróquia? Quando toda essa gente está nos esperando! [...] Catequista: às ruas! Para catequizar, para buscar, para bater às portas. Para sacudir os corações. [...]. Saiamos correndo para prestar o serviço de anunciar que acreditamos na Boa-nova, e queremos dá-la aos demais. Que esta seja a nossa conversão: a Boa-nova de Cristo – ontem, hoje e sempre".*
> *[...]*
> *Se há algo mais oposto ao acontecimento pascal é o dizer; "Estamos aqui, que venham". O verdadeiro discípulo conhece e guarda esse mandato que lhe dá identidade, sentido e beleza à sua fé: "Ide..." (Mt 28,19). Então sim, o anúncio será querigma; a religião, vida plena; o discípulo, autêntico cristão (BERGOGLIO, 2013, p. 13; p. 66).*

CONTEMPLAR A VIDA E BUSCAR CAMINHOS

- ✓ Jesus costumava ir ao encontro das pessoas em suas casas. Escolha uma dessas visitas do Mestre e destaque quatro pontos que mais lhe chamam atenção nas atitudes do Senhor, completando o gráfico:

   - Zaqueu (Lc 19,1-10)
   - Marta e Maria, irmãs de Lázaro (Lc 10,38-42)
   - Pedro (Lc 4,38-39)

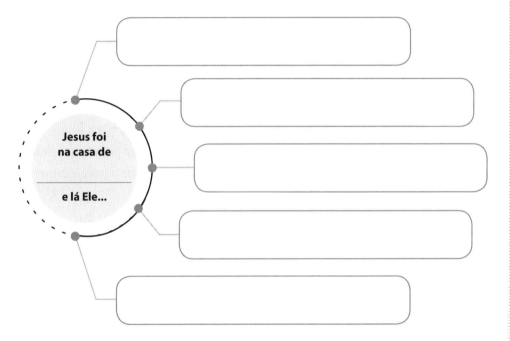

- ✓ Como você pode se organizar para tornar concretos em sua prática catequética os seguintes aspectos da dimensão missionária:

  - Visita às famílias dos catequizandos: _____
  _____
  _____

  - Preparação do local dos encontros: _____
  _____
  _____

  - Ir aos encontros dos afastados e excluídos: _____
  _____
  _____
  _____

7 **O vaso modelado fica em repouso, em preparação para enfrentar o calor do forno** → o catequista se fortalece na vida de oração.

Quando o oleiro termina o processo de modelar o vaso, ele coloca a peça num local apropriado e não a toca por um tempo. O vaso moldado precisa de alguns dias em repouso a fim de preparar-se para enfrentar o calor do fogo, que o tornará consistente. Associando esse momento de repouso do vaso à prática catequética, deparamo-nos com a necessidade de momentos de pausa nas atividades para darmos tempo adequado à oração. Através dela nos preparamos e fortalecemos nossos corações, a fim de enfrentarmos os desafios da missão.

Estamos falando aqui de "vida de oração", de intimidade com o Pai, com o Filho e com o Espírito Santo, de contemplação da Trindade Santa. É fundamental para todo catequista esse lançar raízes e alicerçar-se na oração, tendo sempre os olhos fixos em Jesus para aprender dele o quanto é importante subir à montanha para rezar. Pois serão justamente os momentos de intimidade com a Trindade que nos trarão a força para vencer os desafios da missão de anunciar o Evangelho.

Podemos dizer, sem sombra de dúvida, que o caminho que dá segurança e fortaleza ao catequista mistagogo, na condução de outros ao Senhor, é a vida de oração. O catequista deve ser um eterno aprendiz de Cristo, na arte de rezar. E isso só será possível para quem tem familiaridade com Ele, atitude fundamental que já vimos no segundo ponto deste capítulo. Jesus tinha uma intensa vida de oração. Em inúmeras ocasiões importantes de sua vida e missão Ele rezou, subiu a montanha e foi em busca de sintonizar o coração com o Pai e o Espírito Santo. Vamos relembrar o episódio da transfiguração (Mt 17,1-9):

> *Seis dias depois, Jesus tomou consigo Pedro, Tiago e João, seu irmão, e os levou a sós para um monte alto e afastado. E transfigurou-se diante deles. Seu rosto brilhou como o sol e as roupas se tornaram brancas como a luz. Nisso, apareceram Moisés e Elias conversando com Ele. Pedro tomou a palavra e disse a Jesus: "Senhor, como é bom estarmos aqui! Se quiseres, levantarei aqui três tendas: uma para ti, uma para Moisés e uma para Elias". Ele estava ainda falando quando uma nuvem brilhante os envolveu e da nuvem se fez ouvir uma voz que dizia: "Este é o meu Filho amado, de quem eu me agrado, escutai-o". Ao ouvir a voz, os discípulos caíram com o rosto no chão e ficaram com muito medo. Jesus se aproximou, tocou-os e disse: "Levantai-vos e não tenhais medo". Então eles ergueram os olhos, mas não viram mais ninguém, a não ser Jesus. Ao descerem do monte, Jesus ordenou-lhes: "Não conteis a ninguém o que vistes, até que o Filho do homem ressuscite dos mortos".*

Jesus levou os discípulos à montanha, ao lugar do encontro, da proximidade e da intimidade com o Pai. Naquela ocasião eles viveram uma experiência Trinitária tão profunda, que Pedro, sentindo o quanto era bom estar ali, desejou permanecer na montanha. Mas não era exatamente a lição do "permanecer ali" que Jesus queria ensinar a eles. Aquele momento era tempo de aprendizado e de fortalecimento para a continuidade da missão. Depois do encontro profundo com Deus Uno e Trino, da oração, da adoração e da contemplação, os discípulos foram conduzidos a voltar, a descer da montanha com Jesus, para ir ao encontro dos irmãos e enfrentar os desafios que viriam. Claro que nesse retorno o coração voltou diferente, fortalecido e cheio do ardor da experiência vivida!

É nessa dinâmica constante que o coração do catequista mistagogo deve permanecer: subir à montanha para encontrar a Deus e depois descer da montanha para levar aos outros a alegria desse encontro. Somente assim, imbuídos dessa experiência orante, é que seremos capazes de atrair as pessoas e conduzi-las a Cristo, para que também possam experimentar dessa alegria que emana do encontro com o Senhor.

A Virgem Maria também passou por esse processo, conforme lemos no Evangelho de Lucas (Lc 1,26-56). Ela recebeu o anúncio do Anjo Gabriel e foi profundamente envolvida pelo Espírito Santo, a tal ponto que o Verbo de Deus se fez carne em seu ventre. Momento de intensa experiência de Deus. Mas depois disso ela saiu apressadamente ao encontro de sua prima Isabel. É a dinâmica do discípulo missionário, que após experimentar profundamente a presença e a ação de Deus na própria vida, não guarda para si essa alegria, mas vai levá-la aos irmãos. E vai carregado da fortaleza provinda da experiência vivida no encontro pessoal com o Senhor.

Olhar para Maria nos faz descobrir muitas outras pistas importantes para a vida de oração. Vamos nos ater a algumas que poderão nos auxiliar no caminho para uma catequese querigmática e mistagógica:

a) **Maria soube guardar no coração** as palavras e acontecimentos significativos relacionados a Jesus, meditando-os no coração. Temos dois episódios no Evangelho de Lucas, que nos mostram essa atitude:

- ✓ Quando os pastores foram a Belém para ver o menino Jesus recém-nascido, conforme os anjos haviam anunciado, encontraram Maria, José e o bebê deitado na manjedoura. Então eles contaram tudo o que os anjos disseram a respeito do menino.

Maria, conservava todas essas coisas, meditando-as em seu coração (Lc 2,19).

✓ Aos doze anos, Jesus foi para Jerusalém, na festa da Páscoa, com seus pais, e não voltou com eles na caravana. Maria e José, ao perceberem a ausência do filho, retornaram aflitos, em busca no menino. Ao ser encontrado no Templo, entre os Doutores da Lei, Jesus lhes disse: "Por que me procuravam? Não sabiam que eu devo estar na casa de meu Pai?" (Lc 2,49). Depois desse episódio, Ele voltou com os pais para Nazaré.

Sua mãe conservava a lembrança de tudo isso no coração (Lc 2,51).

Esse agir de Maria, na busca pela compreensão do mistério que envolvia Jesus, pode ajudar a iluminar nossa vida de oração. Se como ela, nós guardarmos no coração todas as palavras, ações e ensinamentos de Jesus e meditarmos sobre esses fatos na oração cotidiana, associando-os aos acontecimentos de nossa vida e da caminhada dos nossos catequizandos, certamente encontraremos luzes para uma catequese mistagógica.

A Palavra de Deus vai iluminar o caminho, sua meditação nos ajudará a superar os obstáculos da missão e teremos segurança para conduzir os interlocutores até Jesus, Aquele que é a Palavra viva. Então poderemos nos associar a Maria nas bodas de Caná e orientá-los com convicção no caminho da vida cristã, repetindo uma indicação fundamental na vida de todo discípulo missionário:

Fazei tudo o que Ele vos disser (Jo 2,5).

b) **No Rosário, oração mariana** que destaca a centralidade de Cristo na história da Salvação, podemos "frequentar a escola de Maria, para nos deixarmos introduzir na contemplação do rosto de Cristo e na experiência da profundidade do seu amor" (Carta Apostólica *Rosarium Virginis Mariae*, São João Paulo II, n. 1).

De fato, a oração do Rosário pode ser uma verdadeira escola para todo catequista que deseja alicerçar sua missão na oração, através da contemplação de todos os mistérios da vida de Cristo. Empenhemo-nos em frequentar essa escola com assiduidade, pois dali tiraremos infinitas riquezas que nos fortalecerão nos desafios da vida e da prática catequética.

O Papa Francisco também aponta alguns aspectos fundamentais para a vida espiritual de todo cristão, especialmente de um catequista:

✓ O encontro pessoal e vivo com o Senhor por meio da leitura orante da Palavra de Deus.
✓ O encontro pessoal e vivo com o Senhor através da Eucaristia.
✓ O encontro comunitário e festivo com o Senhor na Celebração do Domingo.

São três pilares de sustentação da nossa vida espiritual: Palavra de Deus, Eucaristia e participação na Celebração Dominical, junto da comunidade. Desses pilares extrairemos forças para o anúncio, para a catequese querigmática. Neles nossos corações encontrarão repouso e serão fortalecidos para passar por todos os desafios da missão.

Toda essa reflexão sobre a vida de oração nos aponta para a necessidade de que nos tornemos catequistas orantes, sedentos de estar na presença do Senhor, através de sua Palavra, da Eucaristia e da comunidade.

É imprescindível aprofundar-se na oração e na adoração. Elas nos ajudarão a unificar nosso coração e nos darão "entranhas de misericórdia", para sermos homens de encontro e comunhão, que assumem como vocação própria o cuidar da ferida do nosso irmão. Não privem a Igreja do seu ministério de oração, que permite a vocês oxigenar o cansaço cotidiano, dando testemunho de um Deus tão próximo, tão Outro: Pai, Irmão e Espírito; Pão, Companheiro de Caminho e Doador da Vida (BERGOGLIO, 2003, p. 31).

CONTEMPLAR A VIDA E BUSCAR CAMINHOS

✓ Se você pudesse medir através de um termômetro como está sua vida de oração, qual seria o resultado? Escolha um dos desenhos:

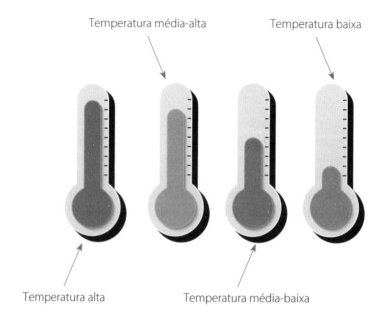

✓ Como você poderia fazer para subir a temperatura da sua vida de oração, a partir dos meios apresentados no texto? Escolha aqueles que podem te ajudar neste momento e escreva um propósito concreto.

8 **O vaso vai ao forno** → o catequista desenvolve a criatividade e a alegria.

Após o tempo de repouso do vaso, o oleiro leva-o ao forno para ser temperado e consolidar sua forma. Dentro do processo catequético podemos associar esse momento de "passar pelo forno" aos desafios e dificuldades que encontramos na caminhada. O catequista precisa passar pelos obstáculos e superá-los um a um, através do uso de sua criatividade, sem perder a alegria. Se ele está alicerçado na vida de oração, como vimos anteriormente, vai extrair daí forças para descobrir formas criativas de catequizar, mesmo diante das situações mais desafiadoras, e assim vai se consolidando na missão.

A criatividade é a capacidade de criar, produzir algo novo. Uma pessoa, quando encontra um obstáculo, pode ter duas reações: acomodar-se e desistir ou buscar formas inéditas para superá-lo. É aí que entra a criatividade, que nos torna capazes de transformar os problemas em oportunidades para responder de forma nova aos desafios encontrados. Podemos dizer que o ser humano desenvolve com mais intensidade o seu potencial criativo justamente diante das dificuldades e do desejo de ultrapassá-las. São essas ocasiões desafiadoras que fazem com que tiremos de dentro de nós alguns recursos que nem imaginávamos que possuíamos, ou que estavam adormecidos.

Na catequese a criatividade é extremamente útil, pois precisamos encontrar formas sempre novas de anunciar uma verdade que não muda. O autor da Carta aos Hebreus nos recorda essa verdade: "Jesus Cristo é o mesmo ontem e hoje; ele o será para sempre!" (Hb 13,8). No entanto, na mudança constante do contexto que nos envolve, precisamos inovar na forma de realizar o anúncio querigmático, a fim de que ele chegue e seja acolhido pelo nosso interlocutor.

"A criatividade é a coluna vertebral do catequista" (Papa Francisco, 2013). A coluna vertebral tem muitas funções em nosso corpo. Uma delas é dar sustentação e manter a flexibilidade para a movimentação do tronco. Nesse sentido, a criatividade se assemelha à coluna vertebral justamente por trazer a flexibilidade ao catequista, capacitando-o para inovar e superar os obstáculos, mas ao mesmo tempo sustentando-o na verdade fundamental que provém do Evangelho.

Na Sagrada Escritura encontramos muitas pessoas que usaram da criatividade para se aproximar de Jesus e levar outros a Ele. A começar por São José, que precisou ser criativo para arrumar um local para o nascimento de Jesus, quando percebeu que não havia lugar nas hospedarias de Belém para Maria dar à luz (Lc 2,6-7). Zaqueu, por sua vez, foi muito criativo ao subir numa árvore para ver Jesus (Lc 19,1-10). Os quatro homens que fizerem o paralítico descer por uma abertura no teto, para colocá-lo na frente do Senhor a fim de ser curado (Lc 5,17-26), não economizaram na criatividade para desviar o obstáculo que os impedia de atingir o objetivo desejado. O Apóstolo Paulo também usou o seu potencial criativo ao enviar cartas para dar instruções e animar às comunidades que fundou, quando não conseguia estar presente pessoalmente para evangelizar.

A Igreja sempre buscou formas criativas de evangelizar. Basta olharmos para os inúmeros ícones, mosaicos e pinturas nos nossos templos. São verdadeiras obras de arte que procuram nos aproximar dos mistérios sagrados. O canto sacro também é uma grande riqueza nesse sentido, sem contar com as inúmeras expressões da piedade popular, que manifestam todo o potencial criativo do povo cristão.

Trata-se aqui da criatividade do amor, que sempre arruma formas para superar os obstáculos que impedem de encontrar o Senhor e encontra novas maneiras de proclamar a alegria do encontro com o amado. É dessa criatividade que todo catequista mistagogo deve estar imbuído na sua prática evangelizadora. Além disso, a criatividade caminha junto com a alegria, ela é incendiada pela alegria, que brota de um coração que se sente amado.

Existe um filme chamado "Como se fosse a primeira vez", direção de Peter Sega (2004), no qual a personagem principal sofre um acidente e acaba adquirindo um tipo de perda da memória. Desde então, todos os dias ela vai dormir e esquece tudo que viveu no dia anterior. Então o mocinho da história precisa arrumar formas criativas para reconquistá--la diariamente. E ele consegue fazer isso de forma surpreendente, motivado pela alegria de amar e ser amado. Esse exemplo cabe muito bem para os catequistas. A cada dia temos que buscar formas criativas para conquistar as pessoas pela Palavra, aproximando-as de Jesus, o Amor que se fez carne. Belíssima missão, que precisa ser carregada de alegria, como nos exorta o salmista:

Aclamai o Senhor, terra inteira! Servi ao Senhor com alegria (Sl 100,1-2a).

A alegria também transbordou no coração de Maria, no momento em que encontrou Isabel, no episódio da visitação (Lc 1,39-56). É dessa alegria que devemos impregnar nosso ministério catequético, pois é a alegria verdadeira que brota da fonte, isto é, de Jesus, o Verbo que se fez carne no seio de Nossa Senhora, pela ação do Espírito Santo, no maior e mais significativo desígnio de amor do Pai pela humanidade.

São Paulo, na Carta aos Filipenses, nos exorta a estarmos sempre cheios dessa alegria plena e verdadeira:

Alegrai-vos sempre no Senhor! Repito: alegrai-vos (Fl 4,4).

Não é um alegrar-se por qualquer motivo, mas é o alegrar-se no Senhor, que é a própria fonte da vida plena e da alegria, o único capaz de nos dar um gostinho da bem-aventurança eterna, da felicidade verdadeira pela qual suspira nosso coração.

Que essa seja a marca de nosso agir na catequese, um agir criativo e transbordante da alegria de quem encontrou um tesouro escondido num campo (cf. Mt 13,44). Embora saibamos que "trazemos este tesouro em vasos de barro" (cf. 2Cor 4,7a), seguimos confiantes no processo de conversão, nos empenhando em deixar que o divino oleiro Jesus nos torne "vasos novos" em suas mãos para que usemos de todo o nosso potencial criativo no caminho para uma catequese querigmática e mistagógica.

O Profeta Isaías, já no Antigo Testamento, exortava o povo a alegrar-se pela ação de Deus, que esperava a vinda do Messias:

> *Céus e terra, entoai cantos de júbilo e alegria,*
> *montes, explodi de alegria!*
> *Pois o Senhor consolou seu povo*
> *e se compadeceu de seus pobres* (Is 49,13).

Essas palavras de ânimo de Isaías devem impregnar o coração do catequista mistagogo, alegre e criativo, capaz de criar formas sempre novas de levar a alegria do Evangelho por onde for. Finalizemos com as palavras do Papa Francisco:

> *O catequista é criativo; procura vários meios e formas para anunciar Cristo. É bom acreditar em Jesus, porque Ele é "o caminho, a verdade e a vida" (Jo 14,6), que enche a nossa existência de júbilo e de alegria. Esta procura de dar a conhecer Jesus como suma beleza leva-nos a encontrar novos sinais e formas para a transmissão da fé. Os instrumentos podem ser diversos, mas o importante é ter presente o estilo de Jesus, o qual se adaptava às pessoas que estavam diante dele, para lhes tornar próximo o amor de Deus. É necessário saber "mudar", adaptar-se, para tornar a mensagem mais próxima, não obstante seja sempre a mesma, porque Deus não muda, mas n'Ele tudo se renova. Na busca criativa de dar a conhecer Jesus não devemos ter medo, porque Ele nos precede nesta tarefa. Ele já está no homem de hoje e é ali que espera por nós* (FRANCISCO, 2017).

CONTEMPLAR A VIDA E BUSCAR CAMINHOS

✓ Olhando para sua prática catequética atual, quais os maiores obstáculos que você está encontrando para catequizar? Para cada obstáculo encontrado, busque uma forma criativa que poderia te ajudar a superá-los.

OBSTÁCULOS	FORMA CRIATIVA PARA SUPERAR

✓ Quais as maiores alegrias que você já experimentou na catequese? Escreva algumas delas ao lado do desenho:

9 **O vaso é provado a partir do som que emite** → o catequista faz ecoar a
Palavra de Deus que recebeu da comunidade.

Quando o vaso sai do forno, o oleiro dá uma pequena batida nele para identificar se
a peça está pronta. Portanto, é através do som emitido pelo vaso que o oleiro reconhece
se a peça está apta a ser utilizada para sua finalidade ou não. Podemos associar esse
processo à catequese, à medida que percebemos que, assim como o vaso que sai do forno
emite um som característico, o som que deve ser emitido pelo catequista é justamente o
eco da Palavra de Deus, do anúncio pascal que ele recebeu da comunidade de fé.

O Catecismo da Igreja Católica nos ensina que "Ninguém deu a fé a si mesmo,
assim como ninguém deu a vida a si mesmo. O crente recebeu a fé de outros e deve
transmiti-la a outros. [...] Cada crente é como um elo na grande corrente dos crentes"
(CIgC, n. 166). Portanto, a missão do catequista provém da comunidade cristã, da
qual recebeu a fé. E é a comunidade que o envia para transmitir essa fé a outros.

O sentido de pertença à comunidade de fé é fundamental na catequese, pois é nela
que o catequista vai afinar o coração e a sua ação catequética para realizar o anúncio
querigmático com clareza e fidelidade. É nela que vai aprender a fazer ressoar a Palavra
de Deus no coração das pessoas, acompanhando-as e conduzindo-as no caminho da
vida cristã, para que se tornem discípulos missionários de Jesus Cristo e novos membros dessa comunidade.

A comunidade é o lugar da acolhida, do acompanhamento, da preocupação com o
outro, da educação da fé e do mergulho no mistério de Cristo através dos sacramentos.
Se o catequista deseja que sua ação esteja imbuída de um caráter mistagógico, ele precisa
estar presente na comunidade para experimentar a importância dela no seguimento de
Jesus. Aí sim, saberá conduzir outros ao Senhor, ajudando-os a experimentar o seu amor
na vida comunitária.

Recordemos do Apóstolo Tomé, que não estava com o grupo dos discípulos, quando o Senhor Ressuscitado lhes apareceu. Sua ausência na comunidade o privou do encontro com Jesus e não o tornou capaz de crer que o Mestre havia vencido a morte.
Mas, numa outra ocasião, quando permaneceu na comunidade, teve uma nova oportunidade e então pode ver o Ressuscitado e fazer uma bela profissão de fé (cf. Jo 20,24-29).

Essa passagem bíblica traz algumas luzes para nossa ação catequética, ao nos recordar
que, além da nossa presença na comunidade, é sempre para ela que devemos fazer caminho com nossos catequizandos. Se os estamos conduzindo a Jesus, é lá que Ele está
presente, na comunidade que professa a mesma fé, que se reúne para celebrar essa fé

professada e que busca agir conforme o Mestre ensinou, sustentada pela vida de oração e intimidade com Cristo. A dimensão comunitária é algo indispensável para a transmissão da fé através de uma catequese que deseja ser querigmática e mistagógica. Não podemos ficar fechados numa sala, isolados da vida comunitária, sem estar em comunhão com os outros discípulos.

A dimensão comunitária nos permite experimentar dois aspectos importantes da vida cristã – a comunhão e a unidade. Comunhão com Deus e com os outros e a unidade em torno de Jesus. "Educando à comunhão, a catequese educa a viver na Igreja e como Igreja" (DC, n. 176). Essa educação para a comunhão se dá num caminho de unidade, entre nós e ao redor de Cristo.

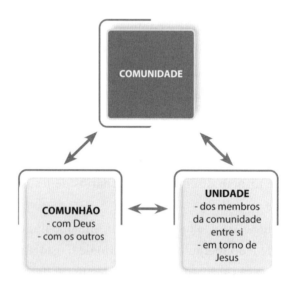

No coração humano há uma necessidade fundamental, aquela de estar em comunhão com Deus e com o outro. "Ninguém pode crer sozinho, assim como ninguém pode viver sozinho" (CIgC, n. 166). A consciência dessa sede de comunhão, de estar em profunda união e sintonia com Deus e com os irmãos, deve fazer da catequese um espaço de serviço para que os catequizandos possam experimentá-la.

No início deste milênio, São João Paulo II já nos apresentava um grande desafio: "fazer da Igreja casa e escola da comunhão" (NMI, n. 43). E ele nos ensinava que o caminho para isso está na promoção de uma espiritualidade da comunhão, como princípio educativo do coração humano. Essa espiritualidade da comunhão significa ter o olhar voltado para o mistério da Trindade, nosso grande modelo de comunhão; ter a capacidade de sentir o irmão como "um que faz parte de mim", para saber partilhar suas alegrias e sofrimentos;

ter a capacidade de ver o outro como um dom de Deus, valorizando o que há de positivo nele; e saber criar espaço para o outro, sem competições ou ciúmes.

A catequese como espaço de educação da fé, pode contribuir muito para promover a comunhão e a unidade, que foi o grande sonho de Jesus, expresso pelo Evangelista João:

> *Não rogo apenas por eles mas por todos aqueles que acreditarem em mim pela sua palavra. Que todos sejam um como tu, Pai, estás em mim e eu em ti, para que eles estejam em nós, e o mundo creia que tu me enviaste (Jo 17,20-21).*

Na saudação inicial da missa, após o sinal da cruz, o sacerdote pronuncia as seguintes palavras: "a Graça de Nosso Senhor Jesus Cristo, o Amor do Pai e a Comunhão do Espírito Santo estejam convosco". E a assembleia responde: "bendito seja Deus que nos reuniu no amor de Cristo". Essa resposta evidencia que a unidade tão sonhada por Jesus só é possível em seu amor. É ao redor dele que nos reunimos para construí-la com fundamentos sólidos.

Vamos a um exemplo da natureza, que nos ajuda a compreender a importância da unidade. Os peixes pequenos geralmente se reúnem em cardumes e procuram nadar em sincronia de movimentos. Isso faz com que todos os indivíduos do grupo se pareçam com um só, diante da ameaça de um possível predador. É como se formassem uma massa homogênea que impede o foco em um indivíduo particular. Como os predadores precisam focar sua presa antes do ataque, o cardume evita que esse foco aconteça e as chances de captura são muito menores.[3] A unidade torna-se uma forma de proteção muito eficaz, fazendo valer aqui o ditado popular que diz que "a união faz a força".

Esse exemplo nos ajuda a intuir o que deveria estar passando no coração de Jesus quando contou a parábola da ovelha perdida (Lc 15,4-7). Nessa parábola vemos que o pastor é capaz de deixar as noventa e nove ovelhas do rebanho no deserto, para ir em busca de uma que se perdeu. Certamente as noventa e nove ovelhas unidas seriam capazes de se proteger com muito mais facilidade de que aquela que se perdeu e está sozinha.

Aqui temos duas importantes lições: a unidade nos fortalece para vencermos os desafios do cotidiano e o Senhor não desiste de ninguém. Se alguém se perde, Ele vai em busca e traz novamente para o grupo. Esse deve ser o modo de proceder da comunidade cristã: manter-se na unidade ao redor de Cristo e estar sempre disposta a ir em busca

---

3. Informações obtidas do Diário de Biologia, maio 2012, publicadas pela Dra. Karlla Patrícia – Doutora em Biologia pela UFRJ e Administradora do Diário de Biologia.Disponível em: https://diariodebiologia.com/2012/05/por-que-os-peixes-formam-cardumes/).Acesso: 27 out. 2021.

dos que se afastaram. São ensinamentos essenciais para nossa prática catequética. Nos momentos em que tivermos a tentação de nos desgarrar da comunidade e do grupo de catequistas para caminhar sozinhos, lembremos dessa reflexão. O grupo de catequista nos dá suporte na caminhada e nos ajuda a amadurecer na vida cristã e no exercício de nossa missão.

Embora saibamos que caminhar como povo é sempre mais lento, tenhamos sempre em mente que a alegria de chegar juntos no final compensa qualquer coisa. O povo de Deus passou 40 anos caminhando no deserto. Nesse caminho houveram dificuldades e alegrias, cansaços e hesitações. Certamente se cada um caminhasse sozinho, teriam chegado muito mais rápido, mas não é assim que Jesus sonhou sua Igreja.

Desde o início Ele enviou os discípulos dois a dois. Também não será diferente na nossa caminhada na catequese e na de nossos catequizandos. Certamente haverão altos e baixos, avanços e retrocessos, mas o importante é estarmos a caminho juntos, em comunhão. Nesse caminho, a unidade em torno do Ressuscitado nos fortalecerá e Ele nos acompanhará com seu amor, conforme prometeu:

> Se dois de vós se unirem na terra para pedir qualquer coisa, hão de consegui-lo do meu Pai que está nos céus. Porque onde dois ou três estiverem reunidos em meu nome, eu estarei ali no meio deles (Mt 18,19-20).

Encerremos com algumas palavras motivadoras do Papa Francisco:

> "Ninguém pode enfrentar a vida isoladamente [...]; precisamos de uma comunidade que nos apoie, que nos auxilie e dentro da qual nos ajudemos mutuamente a olhar em frente. Como é importante sonhar juntos! [...] Sozinho, corre-se o risco de ter miragens, vendo aquilo que não existe; é junto que se constroem os sonhos" (FT, n. 8).

CONTEMPLAR A VIDA E BUSCAR CAMINHOS

✓ Retome o exemplo do cardume de peixes, que se unem para se proteger do predador. Coloque nomes nos peixes do desenho, relembrando dos membros de sua comunidade, das pessoas do grupo de catequistas e dos catequizandos que caminham ao seu lado.

✓ Leia a parábola da ovelha perdida – Lc 15,4-7 – e escreva uma oração de gratidão a Deus por todas as vezes que Ele te resgatou. Depois peça que Ele te ilumine para agir da mesma forma com todos que cruzarem seu caminho, especialmente com seus catequizandos.

_____
_____
_____
_____
_____
_____
_____

10 **O vaso pronto é destinado para cumprir sua finalidade** → o catequista é destinado a ser guardião da memória de Deus e testemunha da fé.

Quando o vaso está pronto o oleiro dá a ele a finalidade para a qual foi fabricado. Hoje em dia existem diversas finalidades para os vasos de barro. Podem ser usados para colocar plantas, água e outros objetos. No contexto bíblico, as pessoas utilizavam os vasos de barro também para estocar alimentos como o trigo, os grãos, o vinho e o óleo. E alguns tinham o costume de colocar as melhores joias nesses vasos para não chamar a atenção. Assim não atraiam os ladrões e o vaso não competia com a beleza das joias contidas em seu interior.

Fazendo uma associação das finalidades do vaso com a missão do catequista, vamos nos concentrar nessa de armazenar joias. Compreendemos que Jesus, o divino oleiro do Pai, nos chamou e nos modelou para colocar em nosso coração um grande tesouro: Ele nos fez guardiões de sua memória e testemunhas da fé! Armazenamos o que de mais precioso alguém pode possuir: o tesouro da nossa fé.

Para compreender o que significa ser "guardião da memória de Deus"[4], vamos buscar primeiro relembrar o que faz um guardião. O guardião é aquele que guarda e protege um objeto, uma pessoa ou uma tradição. E ao falarmos da memória de Deus, estamos nos referindo a toda história que o Senhor foi escrevendo com seu povo ao longo do tempo, desde a criação do mundo até hoje, período em que está nos conduzindo através da Igreja. Portanto, ser guardião da memória de Deus significa guardar e proteger todo o patrimônio contido na fé que professamos, para que esteja seguro e seja transmitido com fidelidade a todas as gerações.

Em São José encontramos um grande exemplo de alguém que soube ser guardião da memória de Deus. Ele foi escolhido pelo Pai para estar ao lado de Maria, ajudando-a a criar, proteger e cuidar de Jesus, nosso Senhor e Salvador. A partir daí enfrentou com coragem e criatividade essa missão, superando inúmeros obstáculos. Relembremos de alguns episódios: no nascimento de Jesus, José precisou buscar um lugar a fim de que Maria pudesse dar à luz e o recém-nascido ficasse em segurança (Lc 2,1-7), depois teve que fugir para o Egito com eles a fim de proteger Jesus de Herodes, que queria matar o menino (Mt 2,13-15) e quando Herodes morreu, José voltou com Maria e Jesus e instalaram-se em Nazaré (Mt 2,19-23), onde trabalhou como carpinteiro para sustentar a Sagrada Família. Quanto

---

4. Ver DC, n. 113.

zelo percebemos nesse guardião! E hoje São José continua sua missão, mas agora como guardião da Igreja, da qual é o padroeiro universal.

Todo catequista tem muito que aprender com São José, pois ele sempre soube dar prioridade aos projetos de Deus em sua vida, como um bom guardião da fé. Retornemos ao seu exemplo todas as vezes que nos sentirmos tentados a colocar outros elementos no "vaso de nossa vida", desviando-o de sua função original. Pois algumas vezes nos entulhamos de coisas e atividades secundárias, sem deixar espaço para que a "memória de Deus" possa ser guardada. Principalmente nos tempos atuais, em que somos bombardeados de todos os lados com propagandas e informações, a fim de nos levar ao consumismo desenfreado.

Vamos a um exemplo que ilustra bem essa situação. Todos nós certamente já vimos, ou na própria casa ou na casa de um parente ou vizinho o famoso "quartinho da bagunça". É um local que acaba virando depósito de objetos sem utilidade. Vamos colocando ali tudo que deixa de ter serventia naquele momento, até que chega o dia em que ninguém consegue mais entrar no cômodo. Só quando chega uma visita para se hospedar é que há uma correria para desentulhar o quarto e devolver a ele sua finalidade.

Precisamos estar atentos para não permitir que nossa vida acabe se tornando como o "quartinho da bagunça". Não nos deixemos entulhar de coisas e informações inúteis, que possam nos impedir de guardar a memória de Deus. Essa atenção precisa ser estendida também aos catequizandos. Muitas vezes eles chegam na catequese já "entulhados" e isso torna difícil nossa missão de comunicar-lhes a memória de Deus. Chegam sem espaço no coração e sem disposição para acolher o Evangelho. É aqui que deve entrar o testemunho de fé do catequista que, com perseverança e criatividade, vai acompanhando o ritmo de cada catequizando sem nunca desistir de anunciar que Jesus é o único caminho que realmente conduz a uma vida plena de sentido.

Prosseguindo nossa reflexão, chegamos a um ponto importante na busca por caminhos para uma catequese querigmática e mistagógica, pois identificamos outra dimensão que está profundamente interligada ao fato de o catequista ser chamado a guardar a memória de Deus. Trata-se da dimensão do testemunho da fé. Essas duas dimensões – guardar e testemunhar a fé, quando bem alicerçadas na vida do catequista – estarão presentes de forma muito clara na sua prática catequética, dando credibilidade ao anúncio realizado.

Foi o próprio Ressuscitado que, ao prometer que enviaria aos discípulos o Espírito Santo, deu-lhes a tarefa de serem testemunhas.

Mas recebereis uma força, o Espírito Santo que virá sobre vós; e sereis minhas testemunhas em Jerusalém, em toda a Judeia e a Samaria, até os confins da terra (At 1,8).

E eles cumpriram essa tarefa de forma tão significativa que até hoje "a Igreja continua sendo "construída sobre o alicerce dos apóstolos" (Ef 2,20), as testemunhas escolhidas e enviadas em missão pelo próprio Cristo" (CIgC, n. 857).

O testemunho de quem encontrou Jesus e, com Ele, o sentido da própria existência, é fundamental para fazer frutificar o anúncio. As pessoas querem perceber a confiabilidade de quem anuncia. Para que o anúncio seja carregado de fecundidade, um dos grandes segredos está justamente nisso, é um anúncio carregado do testemunho de quem viveu a experiência com o Senhor, como fizeram os apóstolos e tantos cristãos fazem até hoje. Sem intimidade e experiência profunda com Cristo, a força do anúncio se esvai.

Nós catequistas temos que estar sempre atentos para fazer e refazer constantemente a nossa própria experiência com Jesus, a fim de, pela graça do Espírito Santo, termos uma missão catequética fecunda. Só por meio de teorias sobre Jesus não conseguiremos ser verdadeiros evangelizadores. Evangelização requer vida com Cristo, vida em Cristo, vida comunitária, vida na Palavra e na Eucaristia, enfim, coração mergulhado em Jesus!

O Papa Paulo VI, na Exortação Apostólica *Evangelii Nuntiandi* (EN, n. 41), nos dá um alerta importantíssimo: "o homem contemporâneo escuta com melhor boa vontade as testemunhas do que os mestres — ou então se escuta os mestres, é porque eles são testemunhas". Bento XVI também ressalta a importância do testemunho, quando propõe a sabedoria e o exemplo dos santos, como modelos de pessoas que procuraram a coerência na vida cristã, através da fidelidade à Palavra de Deus e ao compromisso com os outros pela caridade, no quotidiano e no mundo em que estavam inseridos.

Cada um deveria ter um Santo que lhe seja familiar, para o sentir próximo com a oração e com a intercessão, inclusive para o imitar (BENTO XVI, 2010).

Recordamos aqui de São José de Anchieta, padroeiro dos catequistas. Ele nos deixou um legado de amor e serviço a todas as pessoas, que deve servir de inspiração a todo catequista que busca testemunhar a fé.

Papa Francisco, através de seus gestos e palavras, também segue na linha da coerência de vida, incentivando-nos ao testemunho de santidade:

Todos somos chamados a ser santos, vivendo com amor e oferecendo o próprio testemunho nas ocupações de cada dia, onde cada um se encontra. És uma consagrada ou um consagrado? Sê santo, vivendo com alegria a tua doação. Estás casado? Sê santo, amando e cuidando do teu marido ou da tua esposa, como cristo fez com a Igreja. És um trabalhador? Sê santo, cumprindo com honestidade e competência o teu trabalho ao serviço dos irmãos. És progenitor, avó ou avô?

Sê santo, ensinando com paciência as crianças a seguirem Jesus. Estás investido em autoridade? Sê santo, lutando pelo bem comum e renunciando aos teus interesses pessoais (GeE, n. 14).

A catequese, como educação na fé, a serviço da Iniciação à Vida Cristã, exige esse suporte testemunhal. No catequista, o encontro pessoal com o Senhor feito e refeito a cada dia, não dá credibilidade apenas às suas palavras, mas também ao seu ministério na catequese, ao que o catequista é e ao que ele faz! E esse testemunho é fundamental.

Podemos dizer que no vaso do coração do catequista, além de estar guardado todo o patrimônio da fé, deve estar plantada a flor do testemunho. E ao olhar para essa flor, as pessoas serão atraídas a crer Naquele que está sendo anunciado com ardor, através das palavras pronunciadas.

> *Quem é o catequista? É aquele que guarda e alimenta a memória de Deus; guarda-a em si mesmo e sabe despertá-la nos outros". É belo isto: fazer memória de Deus, como a Virgem Maria. [...] que quando encontra Isabel, seu primeiro ato é fazer memória do agir de Deus, da fidelidade de Deus na sua vida, na história do seu povo, na nossa história* (FRANCISCO, 2013).
>
> *A catequese necessita de catequistas santos, que contagiem com sua própria presença, que ajudem com seu testemunho de vida [...]. "Queremos ver Jesus" (Jo 12,21). São muitos os rostos que, com um silêncio mais expressivo do que mil palavras, nos fazem esse pedido [...]. Todos esperam, buscam, desejam ver Jesus. E por isso necessitam dos que creem, especialmente de catequistas que não só lhes falem de Cristo, mas também que de certa forma lh'O façam "ver"... Mas o nosso testemunho seria excessivamente pobre, se não fôssemos primeiro contemplativos do seu rosto* (BERGOGLIO, 2013, p. 18-19).

CONTEMPLAR A VIDA E BUSCAR CAMINHOS

- ✓ Faça um momento de reflexão procurando identificar tudo aquilo que pode estar entulhando sua vida e lhe impedindo de guardar a memória de Deus.

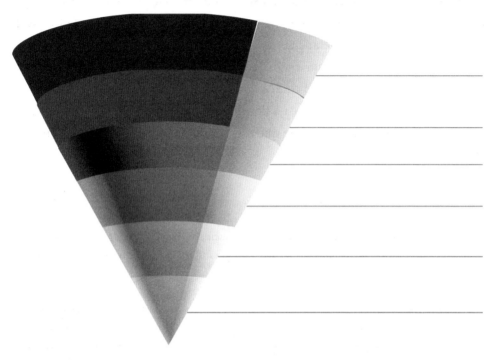

- ✓ Relembre daquelas pessoas que, através do testemunho de fé, te aproximaram de Jesus e do caminho do discipulado. Agora busque em sua prática catequética fatos nos quais seu próprio testemunho tenha falado mais alto do que suas palavras, fazendo-as frutificar. Escreva ao lado do vaso.

O que aprendemos até aqui?

Agora que já refletimos sobre o processo pelo qual o barro passa na olaria até tornar-se um vaso, associando-o aos pontos-chave para consolidar a renovação do perfil do catequista para uma catequese querigmática e mistagógica, vamos visualizar todo o caminho que fizemos, através do auxílio de um quadro:

PROCESSO DO VASO NA OLARIA	PONTOS-CHAVE DO PERFIL DO CATEQUISTA PARA UMA CATEQUESE QUERIGMÁTICA E MISTAGÓGICA
1 O barro é escolhido.	O catequista é escolhido e chamado por Deus.
2 O barro é curtido.	O catequista cultiva a familiaridade com Jesus.
3 O barro é prensado.	O catequista é um especialista em acolhida.
4 O oleiro pega o barro nas mãos.	O catequista desenvolve a arte da comunicação, do diálogo, da interação.
5 O oleiro concentra o olhar na obra.	O catequista concentra-se na arte de acompanhar, na pedagogia da presença e da proximidade.
6 O oleiro abre um espaço no interior do barro.	O catequista abre-se para ir ao encontro do outro.
7 O vaso modelado fica em repouso, em preparação para enfrentar o calor do forno.	O catequista se fortalece na vida de oração.
8 O vaso vai ao forno.	O catequista desenvolve a criatividade e a alegria.
9 O vaso é provado a partir do som que emite.	O catequista faz ecoar a Palavra de Deus que recebeu da comunidade.
10 O vaso pronto é destinado para cumprir sua finalidade.	O catequista é destinado a ser guardião da memória de Deus e testemunha da fé.

CONTEMPLAR A VIDA E BUSCAR CAMINHOS

Exercício orante

Dez dias a caminho de uma prática querigmática e mistagógica

Reveja cada um dos dez pontos apresentados neste capítulo, tentando identificar os aspectos mais significativos, que possam servir de inspiração para sua prática catequética.

Escolha um horário em seu dia e prepare seu ambiente de oração, para realizar essa experiência mistagógica. A cada dia dessa caminhada de oração e reflexão, você é convidado a realizar os seguintes passos:

1 - Silencie o coração.

2 - Invoque o Espírito Santo.

3 - Faça uma primeira leitura do texto de referência do ponto-chave, para o perfil do catequista, reconhecendo sua riqueza de detalhes.

4 - Refaça a leitura pausadamente, buscando identificar os aspectos mais significativos do ponto-chave para você, completando o quadro.

5 - Releia os aspectos mais significativos encontrados (que você escreveu no quadro) e busque neles inspirações para sua prática catequética relacionando-as no quadro.

6 - Finalize seu momento orante na "Escola de Maria"! Reze uma dezena do terço em agradecimento a Deus por tudo o que aprendeu e que lhe ajudará em sua prática catequética.

Ponto-chave para o perfil do catequista	Aspectos mais significativos de cada ponto	Inspirações para minha prática catequética
1 O catequista é escolhido e chamado por Deus.		
2 O catequista cultiva a familiaridade com Jesus.		
3 O catequista é um especialista em acolhida.		

Ponto-chave para o perfil do catequista	Aspectos mais significativos de cada ponto	Inspirações para minha prática catequética
4 O catequista desenvolve a arte da comunicação, do diálogo, da interação.		
5 O catequista concentra-se na arte de acompanhar, na pedagogia da presença e da proximidade.		
6 O catequista abre-se para ir ao encontro do outro.		
7 O catequista se fortalece na vida de oração.		
8 O catequista desenvolve a criatividade e a alegria.		
9 O catequista faz ecoar a Palavra de Deus que recebeu da comunidade.		
10 O catequista é destinado a ser guardião da memória de Deus e testemunha da fé.		

3

EXERCÍCIOS PRÁTICOS PARA O CATEQUISTA MISTAGOGO ENTREGAR O CORAÇÃO NAS MÃOS DO OLEIRO

Quando se estragava o vaso que estava fazendo, com a argila na sua mão, o oleiro fazia novamente um outro vaso, como lhe parecia melhor (Jr 18,4).

O Profeta Jeremias, ao descrever a ação do oleiro, mostra-nos que este não descarta o barro quando o vaso que está modelando não sai bem, mas reinicia o processo, na busca por tornar concreto o projeto de seu coração. Então ele vai modelando novamente o vaso, à sua maneira, como lhe parece melhor. É exatamente assim que Jesus faz conosco, num exercício constante de amor e misericórdia. Ele nunca desiste de nós, mas sempre tenta nos modelar à sua maneira, para que nosso agir reflita aquilo que Dele aprendemos.

Já vimos inclusive que, durante o processo de produção do vaso, há um momento em que o barro, depois de curtido, precisa ser prensado para que o ar, as pedras, as raízes e as impurezas sejam retiradas. Também na vida do catequista há certas atitudes que precisam ser repensadas, a fim de que sua prática catequética se torne coerente com os ensinamentos de Jesus, divino oleiro do Pai e seu modo de ser e agir reflita que é um catequista modelado à maneira do Senhor.

Então, em preparação aos primeiros exercícios deste capítulo, vamos refletir inicialmente sobre algumas atitudes[5] que podem dificultar a missão e a prática dos catequistas, na busca por caminhos para consolidar uma catequese querigmática e mistagógica.

---

5. Esses aspectos foram inspirados na lista apresentada pelo Papa Francisco em 22 de dezembro de 2014, na forma de um "exame de consciência" para membros da Cúria Romana, reunidos no tradicional encontro de confraternização para o Natal.

É importante ressaltar que essas atitudes são como pedras que podem nos levar a tropeçar e cair pelo caminho. Mas não queremos nos deter nas pedras, queremos fixar o olhar em Jesus, quando estava a caminho do Calvário. Ele caiu três vezes, mas sempre se levantou das quedas e seguiu em frente, até cumprir seu trajeto, passando pela cruz e chegando à glória da Ressurreição.

Portanto, é nessa perspectiva que queremos olhar para as atitudes que serão elencadas a seguir, no desejo de aprender a superá-las e com o propósito de levantar cada vez que elas nos fizerem cair.

1 Sentir-se indispensável

Considerar-se indispensável é colocar-se em um pedestal e essa atitude pode levar a pessoa a assumir e estar à frente de inúmeras atividades impedindo que outros tenham espaço para atuar.

> Se todo o corpo fosse olho, onde estaria o ouvido? E, se todo ele fosse ouvido, onde estaria o olfato? Deus, porém, dispôs de cada um dos membros do corpo conforme quis. Se todo o corpo fosse um só membro, onde estaria o corpo? (1Cor 12,17-19).

No grupo de catequistas devemos nos esforçar para acolher e dar espaço a todas as pessoas. É preciso saber valorizar os dons de cada um para que se evidencie toda a riqueza que provém da diversidade. Ninguém traz em si todos os talentos, mas é a união do talento de cada um que fortalece a ação catequética do grupo.

2 Ativismo

Esse aspecto se evidencia quando o catequista está com sua atenção e preocupação mais voltadas aos seus muitos afazeres, esquecendo-se de estabelecer o equilíbrio entre os momentos de ação e os momentos de parada para se abastecer com a Palavra, com a Eucaristia, na convivência com o grupo da catequese e pessoas da comunidade. A parada é necessária para repousar e refletir, garantindo, as forças necessárias à continuidade da missão.

Essa atitude lembra-nos a passagem bíblica de Lc 10,38-42 em que Marta estava mais preocupada em fazer coisas para acolher Jesus e, Maria, em ouvi-lo. Entre as duas atitudes, o catequista pode inspirar o seu modo de proceder buscando o equilíbrio entre o tempo de fazer as atividades e o tempo de meditar e ouvir o que o Senhor tem a lhe dizer

3   Mentalidade rígida e burocrática

Em certas ocasiões se nota que o catequista age de modo inflexível, pois está focado apenas em completar o manual e fazer seu planejamento dos encontros acontecer de qualquer maneira, do jeito que já faz há tantos anos. Parece até que se deixou dominar pela "síndrome de Gabriela" ("eu nasci assim, eu cresci assim, vou ser sempre assim"...). Percebe-se certo enrijecimento no modo de proceder, que pode levar a perder de vista a situação das pessoas envolvidas e os acontecimentos que alegram ou afligem a comunidade.

Para superar essa rigidez é preciso que o catequista resgate a sua serenidade e deixe aflorar a sua criatividade e a audácia, readquirindo a capacidade de dar abertura para que as pessoas possam se expressar durante o processo catequético.

Outro aspecto importante a ser considerado para flexibilizar a prática catequética é a necessidade de ter sempre um olhar capaz de ligar a fé com a vida. Esse princípio leva o catequista a despertar-se continuamente para a necessidade de incluir em seu planejamento aquilo que é importante e significativo a seus interlocutores.

4   Excesso de projetos e planejamentos

É fundamental destacar aqui que os planejamentos e projetos são importantes e necessários para a caminhada acontecer, pois a evangelização não pode ficar à mercê do improviso. No entanto, não podemos cair no oposto, num excesso de projetos e planejamentos que nem sempre cabem na realidade da catequese, por não serem pensados e analisados de acordo com as diversas condições que envolvem o seu desenvolvimento. É preciso haver um equilíbrio, a fim de que esses projetos e planejamentos possam efetivamente ser desenvolvidos, sem se tornar "camisas de força" em que as pessoas se veem obrigadas a realizá-los, somente para cumprir alguma exigência.

Projetos e planejamentos devem nos levar para frente em unidade com o grupo de catequistas e com os catequizandos. E para que isso aconteça de forma positiva, há que se considerar em suas elaborações as possíveis mudanças, cuja necessidade será percebida somente através de uma constante revisão e avaliação da prática catequética.

Sempre que estamos falando e tratando com pessoas, precisamos levar em conta que pode haver imprevistos, avanços e retrocessos no caminho. Cabe ao catequista estar sempre atento para perceber a necessidade de readaptar seu planejamento toda vez que for necessário, a fim de que ele não se torne obsoleto em relação às demandas dos interlocutores.

5 Descuido com a espiritualidade

A diminuição progressiva do cultivo da espiritualidade causada pelo esfriamento da vida de oração, pode gerar muitas desvantagens ao catequista no decorrer do exercício de seu ministério, pois acaba tornando suas ações e sua vivência algo "automático", sem o devido envolvimento consciente e sem vínculo com a Palavra e com a vida comunitária.

Esta situação acaba levando o catequista a agir sem correlacionar sua prática com as razões que o levaram a atuar como catequista. Perde-se a referência do chamado e principalmente Daquele que chamou. Em outras situações, o descuido com a espiritualidade pode levar o catequista a uma insensibilidade e falta de comprometimento pessoal com sua missão.

6 Rivalidade e vanglória

A vanglória faz com que o catequista valorize excessivamente o seu próprio modo de agir e se expresse destacando sempre o valor das atividades que realiza. Seu discurso acaba revelando um desejo de demonstrar-se superior aos demais. Essa atitude revela que a pessoa está em constante competição com os seus pares e percebe o outro apenas como um concorrente ou adversário.

É muito triste ver catequistas que, por ciúmes e rivalidade, chegam até ao ponto de sentir alegria em ver a queda dos outros, em vez de ajudá-los a se levantar, como os irmãos deveriam fazer. Essa rivalidade é muito prejudicial ao desenvolvimento do grupo.

Para superar esse tipo de situação é preciso aprofundar a compreensão de que é a diversidade de dons que garante um bom trabalho evangelizador, uma boa catequese. Ninguém é melhor do que ninguém, cada um tem dons que podem somar ao grupo e somente um trabalho em conjunto pode trazer ao processo catequético seus melhores resultados.

O dom que cada um recebeu, ponha-o a serviço dos outros, como bons administradores dos diferentes dons recebidos de Deus (1Pd 4,10).

7 Incoerência entre fé e vida

Trata-se da atitude de pessoas que não vivem conforme os valores do Evangelho e falam do seguimento de Jesus só da boca para fora. Ouvem a Palavra de Jesus, mas não a põem em prática. Consequentemente acabam realizando uma catequese desligada da vida. Isso porque lá na raiz de sua própria vida não há coerência com o agir cristão.

Com o passar do tempo haverá um progressivo vazio espiritual, até o momento em que esse catequista acabará abandonando o serviço pastoral, por não ter motivações concretas que o mantenham na missão.

8 As fofocas

A fofoca é extremamente prejudicial em qualquer circunstância, seja nas situações em que a pessoa espalha inverdades, seja quando acaba por divulgar coisas de cunho particular sem autorização dos envolvidos. Tanto uma quanto a outra forma de agir são desrespeitosas com o próximo. Essa atitude pode minar todo o serviço catequético numa comunidade, pois acaba gerando divisões e conflitos desnecessários.

A catequese, ao promover os valores do Evangelho, deve conduzir todos os envolvidos no processo a rejeitar qualquer tipo de fofoca. Infelizmente, na atualidade, os meios de comunicação social acabaram tornando-se instrumentos para espalhar inverdades em escala ampliada, nas mãos dos "fofoqueiros virtuais". São as chamadas *fake news*. É preciso ter muita atenção para não promover nenhum tipo de notícias falsas.

9 Divinizar as autoridades pelo desejo de poder

Essa atitude é o mal daqueles que buscam constantemente oportunidades para obter um *status* eclesial. Para isso usam da bajulação com as autoridades em busca de obter privilégios. Vivem o serviço pensando unicamente naquilo que poderão obter e não na doação desinteressada e baseada no amor incondicional que o Senhor nos ensinou.

Lembremos aqui do ensinamento de Jesus a Tiago e João, quando eles pediram para se sentar a direita e a esquerda do Senhor em sua glória:

> *Quem de vós quiser ser grande, seja vosso servidor; e quem quiser ser o primeiro, seja o escravo de todos. Pois também o Filho do homem não veio para ser servido, mas para servir e dar sua vida em resgate de muitos* (Mc 10,43b-45).

O desejo pelo poder para benefício próprio enfraquece o catequista, que acaba entrando num círculo vicioso, transformando o seu serviço em fonte de busca de poder e de *status*, ao invés de colocar o foco no serviço que deve permear a ação de todo discípulo missionário.

10 A indiferença

A indiferença causa um grande mal à vida comunitária. Essa atitude pode ter dois aspectos diferentes, mas sempre muito prejudiciais na catequese. Num primeiro aspecto o catequista pode viver indiferente aos sofrimentos dos outros, tornando-se frio em relação aos irmãos, exatamente ao contrário do modo de agir proposto no Evangelho.

É o que aconteceu com o sacerdote e o levita da parábola do bom samaritano (cf. Lc 10,30-37), que passaram pelo homem ferido e caído à beira do caminho e seguiram adiante, sem parar para ajudá-lo. Somente o samaritano se compadeceu e ajudou, tornando-se exemplo para a ação de todos nós.

A outra variação dessa atitude, ao atingir os catequistas, torna-os indiferentes ao zelo pela missão. Então essas pessoas não preparam mais os encontros, chegam atrasadas, não participam da missa e nem da vida da comunidade! Acabam tornando seu ministério estéril.

11 Pessimismo e mal humor

Essa atitude se manifesta nos "catequistas dengosos" com seu negativismo estéril. Para eles nada vai dar certo, tudo é difícil, tudo é pesado. O que se percebe de fundo nesse modo de proceder é que há um grande medo e insegurança.

A superação dessa forma de agir exige esforço do catequista para ver as situações de maneira mais leve, focando em exercitar atitudes para ser uma pessoa cortês, serena, entusiasta e que transmite alegria. Também faz muito bem uma boa dose de bom humor.

Para ajudar a superar atitudes carregadas de pessimismo e mal humor, oferecemos uma parte de uma oração de São Tomás Moro que o catequista poderá rezar sempre que se encontrar nessa situação:

> *Senhor, dai-me uma alma que não conheça o tédio, as murmurações, os suspiros e os lamentos, e não permitais que sofra excessivamente por essa realidade tão dominadora que se chama "eu". Dai-me, Senhor, o sentido do humor. Dai-me a graça de entender os gracejos, para que conheça na vida um pouco de alegria e possa comunicá-la aos outros. Assim seja (GE, n. 126).*

12 Círculos fechados (panelinhas)

Dentro de um grupo, geralmente, nos aproximamos mais das pessoas com quem temos afinidades e interesses comuns. Isso é algo natural e positivo na dinâmica das relações humanas. Mas aqui estamos falando de uma forma de agir que acaba se tornando negativa, quando restringe a convivência dentro do grupo. Isso ocorre quando se formam as "panelinhas", nas quais os catequistas acabam se fechando e excluindo os demais.

São tantos os motivos que podem levar à formação dessas "panelinhas". Os mais comuns são a sensação de superioridade dentro do grande grupo e o medo de perder espaço. Nenhum desses motivos justifica essa forma de agir dentro da catequese. Devemos ser pessoas acolhedoras e abertas, respeitando e construindo um bom relacionamento com todos aqueles que Deus colocou ao nosso lado.

CONTEMPLAR A VIDA E BUSCAR CAMINHOS

Exercício orante

Revisão de atitudes do catequista

Depois de percorrermos uma longa caminhada de estágio nas mãos de Jesus, o divino oleiro, chegou a hora de exercitarmos nossos aprendizados.

A proposta aqui é encontrar nos gestos de Jesus a inspiração para promover a mudança de atitudes que podem ser prejudiciais à pessoa do catequista e sua missão. Vamos olhar para o Senhor e buscar forças para agir como Ele, levantando-nos todas as vezes que uma pedra nos fizer tropeçar e cair no caminho.

Escolha um horário em seu dia e prepare seu ambiente de oração, para realizar mais essa experiência orante. A cada dia desse exercício você é convidado a realizar os seguintes passos:

1 - Silencie o coração.

2 - Invoque o Espírito Santo.

3 - Faça uma primeira leitura de cada atitude prejudicial, buscando compreender suas causas e seus desdobramentos na catequese.

4 - Releia o quadro do exercício orante do primeiro capítulo, buscando na prática de Jesus e das pessoas que se encontraram com Ele inspirações para ajudar a superar as atitudes que prejudicam a vida do catequista. Complete o quadro.

5 - Releia o quadro do exercício do segundo capítulo, com os dez pontos-chave para o perfil do catequista e busque nos aspectos mais significativos de cada ponto que você escreveu outras possibilidades para superar as atitudes que prejudicam a vida do catequista. Complete o quadro.

6 - Faça sua reflexão, procurando identificar quais atitudes prejudiciais podem estar presentes na sua ação catequética. Escreva no quadro o seu propósito descrevendo as atitudes que o ajudarão a manter ou renovar o seu agir à luz dos gestos de Jesus, o oleiro de Deus. Complete o quadro.

7 - Finalize seu momento orante rezando uma estrofe do Salmo 138(137):

Estendereis o vosso braço em meu auxílio
e havereis de me salvar com vossa destra.
Completai em mim a obra começada;
ó Senhor, vossa bondade é para sempre!
Eu vos peço: não deixeis inacabada
esta obra que fizeram vossas mãos!

Atitudes	Capítulo um: gestos de Jesus e atitudes dos discípulos	Capítulo dois: pontos-chave do perfil do catequista	Propósito de atitudes para o meu agir
1 Sentir-se indispensável			
2 Ativismo			
3 Mentalidade rígida e burocrática			
4 Excesso de projetos e planejamentos			
5 Descuido com a espiritualidade			
6 Rivalidade e vanglória			
7 Incoerência entre fé e vida			

(continuação)

Atitudes	Capítulo um: gestos de Jesus e atitudes dos discípulos	Capítulo dois: pontos-chave do perfil do catequista	Propósito de atitudes para o meu agir
8 As fofocas			
9 Divinizar as autoridades pelo desejo de poder			
10 A indiferença			
11 Pessimismo e mal humor			
12 Círculos fechados (panelinhas)			

Esse exercício nos ajuda a perceber quanta coisa ainda precisamos descobrir sobre nós mesmos, o que temos de bom e o que precisamos mudar em nossos corações! É um longo caminho no qual constantemente precisamos realizar o exercício de conversão para nos tornarmos "vasos novos", ao rever nossas ações e aprimorar o que temos de melhor. É necessário que façamos sempre uma reflexão sincera e tenhamos um coração completamente disponível para deixar-nos moldar pelo Senhor!

Mas não podemos desanimar, pois sabemos que Jesus caminha ao nosso lado, assim como fez com os discípulos de Emaús, ajudando-nos a perceber que às vezes é preciso refazer o caminho, sentar, partilhar o que temos e somos e nos fortalecer com sua mensagem, para enfrentar o desafio de melhorar a nós mesmos e ajudar os nossos semelhantes. Busquemos a cada dia e em cada situação ter sempre os olhos fixos em Jesus para nos deixarmos conduzir por Ele.

Síntese dos aprendizados – A colcha de retalhos

Vamos prosseguir em nossa jornada nas mãos de Jesus, divino oleiro do Pai, dando mais um passo para ajudar a nos exercitarmos na caminhada para uma catequese querigmática e mistagógica.

Quando eu era criança, passava parte das férias escolares na casa de minha madrinha. Ela gostava muito de costurar e fazia um trabalho que sempre me despertava muita curiosidade e admiração. Eram as coloridas e belas colchas de retalhos. Durante o processo de confecção das colchas, muitos passos eram realizados e eu acompanhava tudo com atenção. Para começar, cada pedacinho de tecido era escolhido cuidadosamente, medido e recortado nas bordas para formar um quadrado de tamanho pré-definido. Então, depois que todos os quadrados necessários estavam prontos, eles eram unidos formando tiras. Em seguida, as tiras eram costuradas com todo empenho e a colcha finalmente ganhava forma.

Que experiência encantadora: juntar pedaços de tecidos e formar aquilo que para mim era uma verdadeira "obra de arte". O que mais me deslumbrava era ver as colchas prontas sobre as camas, embelezando os quartos e servindo até para aquecer nos dias mais frios. E a alegria maior invadia meu coração ao saber que, na hora de partir, minha madrinha me daria uma colcha para levar para casa.

Saudosas lembranças que até hoje me fazem compreender o quanto é importante saber unir tudo aquilo que aprendemos na vida, de tantos modos e com tantas pessoas, e transformar esses aprendizados em verdadeiras "colchas de retalho" para embelezar e aquecer o coração e, principalmente, auxiliar em nosso modo de agir.

Na catequese saber unir aprendizados é muito importante. Trazemos muitas experiências ricas em ensinamentos, vividas ao lado de Jesus e de tantos catequistas e catequizandos. A todas essas experiências somam-se ainda os momentos formativos, de estudo e de reflexão, que vivenciamos no caminho catequético. Se soubermos unir todas essas experiências, certamente vamos construir belíssimas colchas de retalhos que nos ajudarão a manter o entusiasmo na missão catequética.

Então a proposta agora é que façamos o exercício de montar uma colcha de retalhos, a partir de cada momento vivenciado até aqui, no primeiro e no segundo capítulos, e também a partir das experiências que trazemos na bagagem de nossa caminhada na catequese.

Faça sua "**colcha de retalhos catequéticos**" usando o quadro. Para isso siga os passos:

1. No capítulo 1 encontramos pessoas que inspiram a prática catequética. Seus nomes estão citados em alguns retalhos da colcha(quadro). Escreva em cada um desses retalhos (quadro) o que mais te marcou da observação das atitudes dessa pessoa ou grupo.
2. No capítulo 2 foram apresentados pontos-chave para a prática catequética. Nos retalhos onde estiverem descritos esses pontos escreva o que mais te chamou atenção nele e mencione uma pessoa de sua comunidade que é exemplo na vivência dessa ação.
3. Os retalhos em branco deverão ser preenchidos por suas experiências pessoais. Relembre de pessoas ou situações que marcaram sua caminhada catequética e registre nos retalhos nomes e aprendizados significativos adquiridos por intermédio dessas pessoas. Pense tanto nos seus colegas catequistas, quanto nos seus catequizandos.

Essa colcha será um grande resumo de todo o seu processo nas mãos de Jesus, o divino oleiro, vivenciado até aqui e também em toda a sua caminhada catequética. O objetivo é que ela ajude a iluminar seus próximos passos na catequese.

A mochila do catequista

A praticidade de poder levar alguns objetos em uma bolsa carregada nas costas e apoiada através de duas alças, que passam por cima dos ombros, tornou a mochila um utensílio praticamente indispensável na vida moderna. Utilizada na escola, no trabalho, em viagens, tornou-se tão popular que há pessoas que adquiriram o hábito de levá-la sempre consigo, como apoio no caminho do dia a dia.

Então vamos montar nossa "mochila catequética", com alguns elementos que poderão nos ajudar durante o caminho para uma catequese querigmática e mistagógica, a fim de realizarmos nossa missão com perseverança e alegria. Primeiramente temos que colocar nossa "colcha de retalhos", bem dobradinha. Depois seguem aqui algumas pequenas dicas finais de elementos que todo catequista deve ter na mochila do seu coração para dinamizar sua missão.

PESSOAS QUE INSPIRAM – CAPÍTULO 1

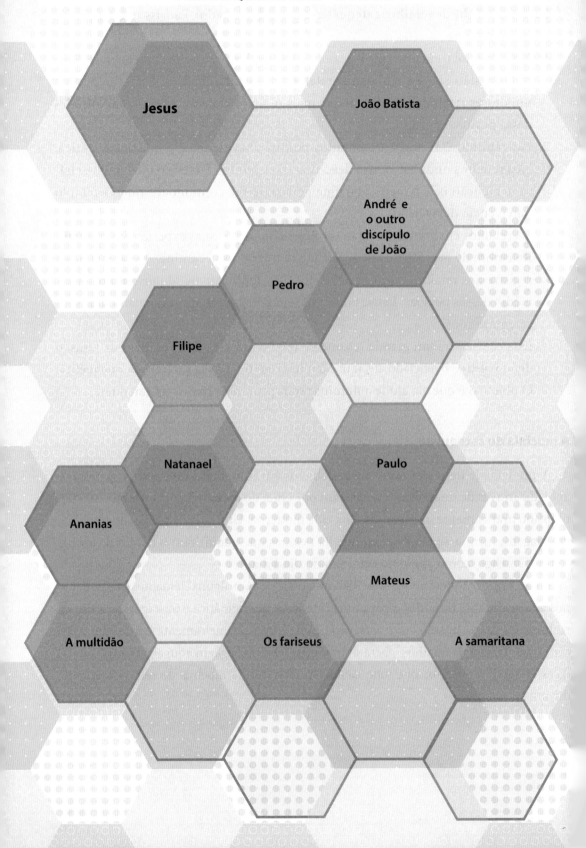

OS PONTOS-CHAVE – CAPÍTULO 2

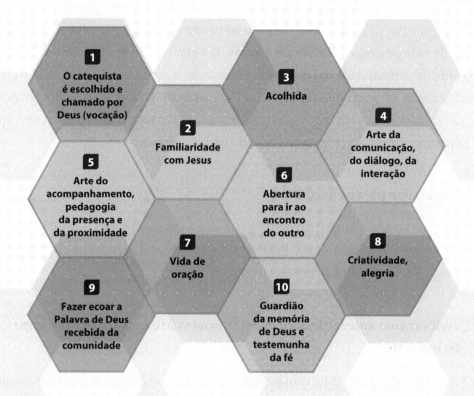

PESSOAS OU SITUAÇÕES QUE MARCARAM SUA CAMINHADA CATEQUÉTICA

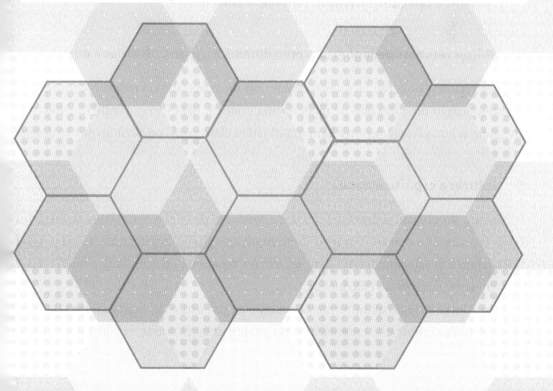

1 "Carregar um segredo"

O segredo do catequista está em sua amizade profunda com Jesus, alimentada através da vida de oração, da Leitura Orante da Palavra, da Eucaristia, do engajamento na vida da comunidade, da disponibilidade para o serviço e da comunhão fraterna experimentada no grupo de catequistas. Essa amizade com o Senhor despertará no catequizando o desejo de conhecer este "segredo". Então o catequista vai revelando aos poucos as fontes do cultivo da amizade com o Senhor.

2 Preparar-se para os encontros

Através de estudo e formação, o catequista se sentirá seguro para desenvolver o conteúdo de fé com os catequizandos. Essa preparação evitará o *stress* da improvisação, que gera insegurança em todos os envolvidos no processo.

3 Verificar com antecedência o material necessário para trabalhar o tema do encontro

O material preparado antecipadamente facilitará o andamento do encontro e ajudará os catequizandos a perceberem que a fé se expressa na integração e na vivência das atividades que o catequista preparou com zelo e empenho.

4 Utilizar recursos pedagógicos como dinâmicas, jogos, histórias e outros

Esses recursos poderão facilitar o desenrolar do processo do encontro com Jesus e da comunicação do conteúdo de fé, de forma criativa. Mas é importante que todas as atividades sejam planejadas e tenham um objetivo claro para conduzir ao que se deseja.

5 Cultivar a espiritualidade

Na vida do cristão, a espiritualidade é a vivência da fé sob o impulso do Espírito Santo. É necessário deixar o Espírito Santo motivar, animar, impulsionar a vida pessoal do catequista, o relacionamento com os outros, a vida na comunidade e na família e especialmente sua missão catequética.

A espiritualidade cristã imprime no catequista um estilo de vida, um jeito de estar no mundo. Ela influencia a maneira como enxergamos as coisas e os acontecimentos ao nosso redor. A leitura que fazemos da realidade depende justamente do tipo de espiritualidade que cultivamos.

Vamos usar uma comparação para compreendermos melhor a importância do cultivo da espiritualidade na vida do catequista. Imagine como se sentiria uma pessoa que usa óculos, caso os esquecesse ou perdesse? Certamente ficaria desorientada, porque já não consegue ver as coisas com nitidez sem o auxílio deles.

Trazendo esse exemplo para a catequese, poderíamos dizer que a espiritualidade é o "óculos do catequista", através do qual o Espírito Santo o torna capaz de ver o mundo, as pessoas e os acontecimentos a partir do olhar de Jesus. Precisamos cultivar o hábito de utilizar sempre desses óculos, para contemplar a vida de maneira muito mais cheia de fé, esperança e caridade.

O que mais você colocaria em sua mochila? Para finalizar o caminho deste livro, cujo objetivo era identificar alguns elementos que compõem o caminho para uma catequese querigmática e mistagógica e nos colocar nas "mãos de Jesus, o oleiro do Pai", complete o texto do desenho.

1. Carregar um segredo.
2. Preparar-se para os encontros.
3. Verificar com antecedência o material necessário.
4. Utilizar-se de recursos pedagógicos.
5. Cultivar a espiritualidade.

Mas lembre-se de que o processo para nos tornarmos "vasos novos" não termina aqui, ele continuará durante toda a vida, até que um dia estejamos face a face com o Cristo, o "divino oleiro". Que a alegria de catequizar lhe acompanhe sempre. Boa jornada catequética!

Conhecer a Jesus é o melhor presente que qualquer pessoa pode receber; tê-lo encontrado foi o melhor que ocorreu em nossas vidas, e fazê-lo conhecido com nossa palavra e obras é nossa alegria (DAp n. 29).

SIGLAS

CIgC – Catecismo da Igreja Católica

DAp – Documento de Aparecida

DC – Diretório para a Catequese

DGC – Diretório Geral para a Catequese

DNC – Diretório Nacional de Catequese

Doc 107 – Documento 107 da CNBB (Iniciação à Vida Cristã: itinerário para formar discípulos missionários.

EG – *Evangelli Gaudium*

EN – *Evangelli Nuntiandi*

FT – *Fratelii Tutti*

GE – *Gaudete et Exultate*

NMI – *Novo Millennio Ineunte*

RVM – *Rosarium Virginis Mariae*

ANEXO

Texto bíblico	Gestos de Jesus	Atitudes da(s) pessoa(s) que se encontraram com o Senhor	Inspirações para minha ação catequética
1 **Lc 5,1-11** *Quatro primeiros discípulos*	Viu os barcos dos discípulos, ensinou às multidões, ordenou aos discípulos que avançassem para águas mais profundas e lançassem as redes, deu a Pedro a missão de ser pescador de homens.	Multidão – colocou-se ao redor de Jesus para ouvir sua Palavra. Discípulos – deram atenção à Palavra, de Jesus, fizeram o que Ele pediu e realizaram uma pesca abundante, depois deixaram tudo e o seguiram.	Procurar ouvir e dar atenção à Palavra de Jesus, realizando o que Ele propõe. Estar disposto a deixar as próprias seguranças para seguir Jesus e ser catequista, "pescador de homens".
2 **Mc 3,13-19** *Instituição dos Doze*	Subiu à montanha, chamou a si os que Ele quis e constituiu o grupo dos doze apóstolos.	Discípulos – responderam ao chamado e foram até Jesus.	Subir à montanha, rezar antes de tomar decisões importantes, responder ao chamado de Jesus.
3 **Mt 8,1-4** *Leproso*	Desceu da montanha, ouviu o leproso, estendeu a mão, tocou e curou-o, dando uma palavra transformadora "eu quero, sê curado".	Leproso – aproximou-se de Jesus e prostrou-se com humildade, dizendo: "Senhor, se queres, tens poder para purificar-me".	Não excluir ninguém (catequese inclusiva), confiar na Palavra de Jesus e em sua compaixão, ter humildade.
4 **Mt 8,5-13** *Centurião*	Entrou na cidade, ouviu o pedido do centurião em favor de seu servo, admirou-se com a fé do centurião e deu uma Palavra que curou o homem.	Centurião – pediu pelo servo e confiou na Palavra de Jesus.	Interceder pelos outros, confiar na Palavra de Jesus, ter fé.
5 **Mt 15,21-28** *Mulher cananeia*	Elogiou a fé da mulher cananeia, curou sua filha.	Mulher cananeia – gritou a Jesus, pedindo compaixão por sua filha, prostrou-se, insistiu com humildade.	Gritar a Jesus, insistir na oração com humildade.
6 **Mc 1,29- 31** *Sogra de Pedro*	Foi à casa de André e Pedro, aproximou-se da mulher, tomou-a pela mão, levantou-a.	Discípulos – pediram pela mulher. Ela colocou-se a serviço.	Interceder pelos outros em suas necessidades, deixar-se tocar e levantar pelo Senhor, colocar-se a serviço.

(continuação)

Texto bíblico	Gestos de Jesus	Atitudes da(s) pessoa(s) que se encontraram com o Senhor	Inspirações para minha ação catequética
7 **Mc 2,1-12** *Paralítico*	Anunciou a Palavra, viu a fé dos quatro homens que trouxeram o paralítico, perdoou e curou-o, mostrou que tem poder de perdoar pecados.	Quatro homens – carregaram o paralítico e o colocaram diante de Jesus. Escribas – pensavam que Jesus blasfemava ao dar ao paralítico o perdão dos pecados.	Ajudar os outros e colocá-los diante de Jesus. Confiar que Jesus veio para tirar o pecado do mundo.
8 **Mc 3,1-6** *Homem da mão atrofiada*	Entrou na sinagoga, trouxe para o meio o homem com a mão atrofiada, questionou a obediência cega da Lei, entristeceu-se com a dureza do coração de alguns e curou o homem.	Algumas pessoas – observavam os gestos de Jesus só para acusá-lo.	Trazer para o meio aqueles que sofrem, os excluídos e colocá-los diante de Jesus, não se deixar cegar pelas normas.
9 **Mc 5,25-34** *Mulher hemorroísa*	Percebeu que alguém o tocou com fé, perguntou quem foi e deu atenção para aquela mulher, dizendo que a fé a tinha salvado.	Mulher – ouviu falar de Jesus, aproximou-se dele com fé, tocou-o e contou a verdade, apresentando-se e dizendo o que havia feito.	Crer que ao tocar em Jesus, algo novo acontece. Ter sinceridade diante de Jesus.
10 **Mc 10,13-16** *As crianças*	Indignou-se com os discípulos, por não acolherem as crianças. Abraçou, abençoou, e impôs as mãos sobre elas.	Algumas pessoas – traziam as crianças até Jesus para que as tocasse, mas os discípulos as repreendiam.	Levar as crianças até Jesus (esse é um dos grandes objetivos da catequese).
11 **Mc 10,17-22** *Jovem rico*	Retomou o caminho, relembrou os mandamentos, olhou para o jovem com amor e chamou-o ao seguimento.	Jovem – aproximou-se e questionou Jesus sobre como herdar a vida eterna. Foi embora triste diante das condições do chamado de Jesus.	Colocar o coração sob o olhar amoroso de Jesus, desapegar-se e segui-Lo.

(continuação)

Texto bíblico	Gestos de Jesus	Atitudes da(s) pessoa(s) que se encontraram com o Senhor	Inspirações para minha ação catequética
12 **Mc 10,46-52** *Cego de Jericó*	Parou sua caminhada, chamou o cego, curou.	Cego – ouviu que era Jesus passando em Jericó, gritou pedindo compaixão, deixou o manto, pulou e foi até Jesus, seguiu Jesus, pediu para ver de novo e passou a seguir Jesus pelo caminho.	Gritar a Jesus para nos abrir os olhos, levantar e deixar os velhos mantos para segui-Lo.
13 **Mc 12,41-44** *Oferta da viúva*	Observou a multidão, viu a pobre viúva fazendo sua oferta e ensinou os discípulos.	Viúva – deu a Deus tudo que tinha.	Dar a Deus tudo e não as sobras.
14 **Lc 7,11-17** *Filho da viúva de Naim*	Foi a Naim, ficou comovido com a dor da mãe viúva que perdeu o filho único, aproximou-se do jovem morto e deu uma palavra de ordem a ele, devolvendo-o vivo para sua mãe.	Os discípulos e a multidão caminhavam com Jesus. A viúva que perdeu o filho único chorava. Todos glorificaram a Deus pelo jovem ter retomado a vida.	Colocar sob o olhar de Jesus nossos jovens. Para Ele ninguém é caso perdido.
15 **Lc 10,38-42** *Marta e Maria*	Estava em viagem, entrou na casa de Marta e Maria e ensinava a Palavra. Repreendeu Marta pela agitação e mostrou que Maria escolheu a melhor parte.	Marta – recebeu Jesus em casa, mas ficou agitada com as coisas por fazer, recriminando a atitude de Maria. Maria – ficou sentada aos pés de Jesus escutando sua Palavra.	Saber escolher a melhor parte: estar na presença de Jesus e ouvir sua Palavra. Não deixar que as atividades e preocupações cotidianas impeçam de ouvir a Palavra.
16 **Lc 13,10-17** *Mulher encurvada*	Ensinava na sinagoga no sábado, viu a mulher encurvada, chamou-a, impôs as mãos e a curou. Repreendeu o chefe da sinagoga, que ficou indignado com a cura no sábado.	Mulher – glorificou a Deus pela cura. Chefe da sinagoga – ficou indignado com a cura realizada por Jesus no sábado. Multidão – se alegrava com as maravilhas que Jesus realizava.	Deixar Jesus nos endireitar. Não ter uma atitude legalista, de obediência cega da lei, sem olhar para o sofrimento dos irmãos. Maravilhar-se com a ação de Jesus na vida das pessoas.

(continuação)

Texto bíblico	Gestos de Jesus	Atitudes da(s) pessoa(s) que se encontraram com o Senhor	Inspirações para minha ação catequética
17 **Lc 17,11-19** *Os 10 leprosos*	Entrou num povoado, viu os leprosos e os mandou irem aos sacerdotes. Questionou os nove leprosos que não voltaram para agradecer.	Leprosos – vieram ao encontro de Jesus e clamaram por compaixão. Foram curados no caminho, mas apenas um voltou para agradecer.	Colocar-se a caminho, a partir da Palavra de Jesus, que traz a cura. Saber agradecer ao Senhor pelas graças que nos concede no caminho.
18 **Lc 19,1-10** *Zaqueu*	Atravessando Jericó, viu Zaqueu na árvore, pediu que descesse depressa e foi jantar na casa dele. Declarou que a salvação entrou na casa de Zaqueu, após seus gestos de mudança de vida.	Zaqueu – procurava ver Jesus e até subiu numa árvore para conseguir isso. Acolheu Jesus em sua casa com alegria e declarou que ia restituir o que havia tirado dos outros injustamente.	Não deixar que nenhum obstáculo impeça de ver Jesus. Recebê–Lo sempre com alegria. Reverter as atitudes erradas que tomamos.
19 **Jo 2,13-22** *Vendedores do Templo*	Subiu a Jerusalém, encontro os vendedores no Templo, fez um chicote e os expulsou.	Vendedores e cambistas – foram expulsos do Templo. Judeus – questionaram a ação de Jesus.	Respeitar a igreja, o local de culto a Deus. Não fazer comércio das coisas de Deus.
20 **Jo 3,1-21** *Nicodemos*	Encontrou-se com Nicodemos, explicou-lhe muitas coisas, num diálogo acolhedor.	Veio encontrar-se com Jesus à noite, fez perguntas e ouviu as explicações do Senhor.	Encontrar sempre um tempo para dialogar com Jesus, buscar nele as respostas para as dúvidas de fé, estudar a Palavra para compreender o que o Senhor ensina.
21 **Jo 5,1-18** *Enfermo na piscina de Betesda*	Subiu a Jerusalém, viu o homem doente deitado perto da piscina e perguntou se queria ficar curado. Então mandou que o homem pegasse o leito e andasse.	Homem doente – dialogou com Jesus, apresentou suas dificuldades e foi curado. Judeus – questionaram o homem que foi curado porque era sábado e perseguiram Jesus por isso.	Deixar que Jesus nos levante e nos coloque a caminho. Não ficar sempre na dependência da ajuda de outros, numa vida passiva, mas a partir da Palavra de Jesus, tornar-se ativo no anúncio do Reino.

(continuação)

Texto bíblico	Gestos de Jesus	Atitudes da(s) pessoa(s) que se encontraram com o Senhor	Inspirações para minha ação catequética
22 **Jo 8,1-11** *Mulher adúltera*	Ensinava no templo e foi questionado sobre como agir diante de uma mulher adúltera. Como resposta falou que quem não tivesse pecados poderia atirar a primeira pedra. Libertou a mulher daquele constrangimento.	Povo – vinha a Jesus para aprender. Escribas e fariseus – trouxeram a mulher adúltera para testar como Jesus agiria. Saíram após a resposta de Jesus.	Não julgar e nem condenar ninguém, pois todos somos pecadores. Saber ser misericordiosos como Jesus é misericordioso.
23 **Jo 9,1-38** *Cego de nascença*	Viu o cego de nascença, fez lama com a saliva e colocou nos olhos do cego, mandando-o lavar na piscina de Siloé. O cego ficou curado.	Cego – foi curado por Jesus, depois foi questionado pelos fariseus. Deu testemunho da ação de Jesus e professou a fé Nele.	Testemunhar a ação de Jesus em nossa vida, sem medo das consequências. Professar a fé no Senhor.
24 **Jo 12,1-11** *Unção de Betânia*	Foi a Betânia e colocou-se à mesa. Maria ungiu seus pés com perfume e enxugou com os cabelos. Respondeu a Judas, dizendo que Maria o ungia para a sepultura e que os pobres sempre estariam conosco.	Lázaro – estava à mesa com Jesus, Marta servia e Maria ungiu os pés do Senhor. Judas – questionou o desperdício do perfume, pois estava preocupado com o dinheiro. Multidão – vinha ver Jesus e Lázaro que tinha sido ressuscitado por Jesus. Chefes dos sacerdotes – decidiram matar Lázaro também, porque por sua causa muitos estavam crendo em Jesus.	Dar a Jesus o nosso melhor, não medir esforços para acolhê-lo bem em nossa vida. Não colocar o dinheiro acima de tudo.

(continuação)

Texto bíblico	Gestos de Jesus	Atitudes da(s) pessoa(s) que se encontraram com o Senhor	Inspirações para minha ação catequética
25 **Lc 23,26-32** *Simão Cireneu e as mulheres*	Estava sendo levado ao calvário, seguido por grande multidão e algumas mulheres, aos quais consolou.	Simão de Cirene – vinha do campo quando o obrigaram a carregar a cruz de Jesus. Multidão – seguia Jesus. Algumas mulheres – seguiam Jesus e se lamentavam, mas foram consoladas por ele. Dois malfeitores – eram conduzidos para serem executados com Jesus.	Carregar a cruz do próximo, ajudar nas necessidades dos outros, sem se lamentar.
26 **Lc 23,39-43** *O bom ladrão*	Dialogou com o ladrão e prometeu-lhe o paraíso.	Um dos malfeitores – insultou Jesus. Bom ladrão – repreendeu o outro e reconheceu que Jesus não fez mal algum. Então pediu a compaixão de Jesus e a entrada no Reino.	Saber reconhecer em Jesus o Salvador, através do qual podemos alcançar o Reino.
27 **Jo 19,25-27** *Jesus e sua mãe*	Estava na cruz e viu Maria e João, então dialogou com eles, dando Maria como mãe a João.	Algumas mulheres, Maria e João estavam aos pés da cruz. Jesus deu a Maria como mãe a João e ele como filho a Maria, então João recebeu-a em sua casa.	Permanecer ao lado de Jesus na cruz, de pé. Receber Maria como mãe.
28 **Jo 20,11-19** *Maria Madalena*	O Ressuscitado aparece e fala com Maria Madalena, mandando-a não tocá-lo e ir anunciar aos discípulos que o viu.	Maria – chorava junto ao sepulcro, quando viu dois anjos e em seguida viu Jesus ressuscitado, que falou com ela, mandando-a ir anunciar aos discípulos. Ela foi e anunciou.	Estar sempre em busca do Senhor, sem deixar que as lágrimas impeçam de reconhecê-Lo. Estar familiarizados com a voz do mestre e prontos para anunciar a ressurreição.

(continuação)

Texto bíblico	Gestos de Jesus	Atitudes da(s) pessoa(s) que se encontraram com o Senhor	Inspirações para minha ação catequética
29 **Lc 24,13-35** *Discípulos de Emaús*	Aproximou-se e colocou-se a caminho com os discípulos de Emaús, dialogou com eles, ouviu-os, explicou as Escrituras, colocou-se à mesa com eles e partiu o pão.	Conversaram com Jesus, contaram os fatos ocorridos, convidaram-no para ficar com eles, colocaram-se à mesa com o Senhor e o reconheceram. Voltaram a Jerusalém para anunciar aos discípulos que viram o Ressuscitado.	Fazer caminho com o Senhor, ouvir sua Palavra que faz arder o coração, convidar Jesus para ficar.
30 **Jo 20,24-29** *Tomé*	Apareceu aos discípulos, trazendo a paz. Falou a Tomé para ver suas mãos e colocar o dedo no seu lado. Proclamou felizes os que creram sem ter visto.	Tomé – não estava na comunidade quando Jesus apareceu e não acreditou que eles viram o Senhor. Depois, quando Jesus pareceu novamente, viu-o e professou a fé.	Permanecer na comunidade, pois é ali que encontramos o Senhor. Crer no anúncio e testemunho dos irmãos.

REFERÊNCIAS

BENTO XVI, Papa. Audiência geral, 25 de agosto de 2010. Disponível em: http://www.vatican.va/content/benedictxvi/pt/audiences/2010/documents/hf_ben-xvi_aud_20100825.html. Acesso: 27 out. 2021.

_____. *Verbum Domini*. Sobre a Palavra de Deus na Vida e na Missão da Igreja. São Paulo: 2010.

BERGOGLIO, Jorge Mario (Papa Francisco). *Anunciar o Evangelho*: mensagens aos catequistas. Organização de Silvio Grimaldo de Camargo e tradução Rodrigo Gurgel. Campinas: Ecclesiae, 2013.

BORTOLINI, José. *Como ler o Evangelho de João*: o caminho da vida. São Paulo: Paulus, 1994.

BOSETTI, Elena. *A tenda e o bastão*. São Paulo: Paulinas, 1995.

CATECISMO DA IGREJA CATÓLICA. Petrópolis: Vozes, 1999.

COMISSÃO EPISCOPAL PASTORAL PARA A ANIMAÇÃO BÍBLICO-CATEQUÉTICA. *Itinerário Catequético*: Iniciação à vida cristã – Um processo de inspiração catecumenal. Brasília: Edições CNBB, 2014.

CONFERÊNCIA NACIONAL DOS BISPOS DO BRASIL. *A Nova Evangelização para a transmissão da fé cristã*. Sínodo dos Bispos – XIII Assembleia Geral Ordinária. Edições CNBB, 2013.

_____. *Catequese, caminho para o discipulado*: Texto-base Ano Catequético Nacional-2009. 2. ed. Brasília: Edições CNBB, 2008.

_____. *Catequese Renovada*: orientações e conteúdo. Documentos da CNBB n. 26. São Paulo: Paulinas, 1983.

_____. *Diretório Nacional de Catequese*. Documentos da CNBB n. 84. 7. ed. São Paulo: Paulinas, 2008.

_____. *Formação dos catequistas.* Estudos da CNBB n. 59. 3. ed. São Paulo: Paulinas, 1990.

_____. *Iniciação à vida cristã*: itinerário para formar discípulos missionários. Documentos da CNBB 107. Brasília: Edições CNBB, 2017.

_____. *Iniciação à vida cristã*: Um processo de Inspiração Catecumenal. Estudos da CNBB n. 97. Brasília: Edições CNBB, 2009.

CONGREGAÇÃO PARA O CLERO. *Diretório Geral para Catequese.* São Paulo: Paulinas, 1998.

CONSELHO EPISCOPAL LATINO-AMERICANO. *A Alegria de iniciar discípulos missionários na mudança de época.* Brasília: Edições CNBB, 2015.

COSTA, Rosemary Fernandes da. *Mistagogia hoje:* O resgate da experiência mistagógica dos primeiros séculos da Igreja para a evangelização e catequese atuais. São Paulo: Paulus, 2014.

DOCUMENTO DE APARECIDA. *Texto conclusivo da V Conferência Geral do Episcopado Latino-Americano e do Caribe.* 12. ed. São Paulo: Paulus, 2011.

DUFOUR, Xavier Léon. *Leitura do Evangelho Segundo João I*: Palavra de Deus. São Paulo: Edições Loyola, 1996.

FRANCISCO, Papa. *Antiquum Ministerium: pela qual se institui o ministério do catequista.* Edições CNBB, 2021.

_____. *Fratelii Tutti:* sobre a fraternidade e a amizade social. São Paulo: Paulus, 2020.

_____. *Patris Corde:* por ocasião do 150 aniversário da declaração de São José como padroeiro universal da Igreja. Brasília: Edições CNBB, 2020.

_____. *Gaudete et Exultate:* Sobre o chamado à santidade no mundo atual. São Paulo: Paulus, 2018.

_____. Mensagem do Papa Francisco aos participantes no simpósio internacional sobre a catequese. Buenos Aires, 11-14 de julho de 2017. Disponível em: http://www.vatican.va/content/francesco/pt/messages/pont-messages/2017/documents/papa--francesco_20170705_messaggio-simposiocatechesi-argentina.html. Acesso em: 27 out. 2021.

_____. (Cardeal Jorge Mario Bergoglio). *Saiam em busca de corações*: mensagens aos catequistas e aos peregrinos. Tradução de Sandra Martha Dolinsky. São Paulo: Ave-Maria, 2014.

_____. *Evangelii Gaudium. A Alegria do Evangelho:* sobre o anúncio do Evangelho no mundo atual. São Paulo: Loyola, 2013.

_____. Homilia na missa da Jornada dos catequistas, em 29 de setembro de 2013. Disponível em: http://www.vatican.va/content/francesco/pt/homilies/2013/documents/papa francesco_ 20130929_giornata-catechisti.html. Acesso: 27 out. 2021.

_____. Jornada dos Catequistas em 27 de setembro de 2013 – Disponível em: http://www.vatican.va/content/francesco/pt/speeches/2013/september/documents/papa--francesco_20130927_pellegrinaggio-catechisti.html. Acesso em: 27 out. 2021.

GRUPO FONTE. *Como barros nas mãos do oleiro.* Retiro personalizado. Nova Prova Editora, 2006.

JOÃO, Paulo II Papa. *Rosarium Virginis Mariae:* Carta apostólica. 4. ed. São Paulo: Paulinas, 2002.

_____. *A catequese hoje* – Exortação Apostólica *"Catechesi Tradendade".* 6. ed. São Paulo: Paulinas, 1981.

KONINGS, Johan. *Evangelho Segundo João*: Amor e fidelidade. Petrópolis: Vozes, 2000.

LIMA, Luiz Alves de. *A Catequese do Vaticano II aos nossos dias*: A caminho de uma catequese a serviço da Iniciação à Vida Cristã. São Paulo: Paulus, 2016.

PAULO VI, Papa. *Evangelii Nuntiandi*: A evangelização no mundo contemporâneo. 2. ed. Petrópolis: Vozes, 1976.

PERUZZO, Dom José Antonio. *E seguiram Jesus* – Caminhos bíblicos de iniciação. Brasília: Edições CNBB, 2018.

PONTIFÍCIO CONSELHO PARA A PROMOÇÃO DA NOVA EVANGELIZAÇÃO. *Diretório para a Catequese.* Documentos da Igreja n. 61. Brasília: Edições CNBB, 2020.

CULTURAL

Administração
Antropologia
Biografias
Comunicação
Dinâmicas e Jogos
Ecologia e Meio Ambiente
Educação e Pedagogia
Filosofia
História
Letras e Literatura
Obras de referência
Política
Psicologia
Saúde e Nutrição
Serviço Social e Trabalho
Sociologia

CATEQUÉTICO PASTORAL

Catequese
Geral
Crisma
Primeira Eucaristia

Pastoral
Geral
Sacramental
Familiar
Social
Ensino Religioso Escolar

TEOLÓGICO ESPIRITUAL

Biografias
Devocionários
Espiritualidade e Mística
Espiritualidade Mariana
Franciscanismo
Autoconhecimento
Liturgia
Obras de referência
Sagrada Escritura e Livros Apócrifos

Teologia
Bíblica
Histórica
Prática
Sistemática

REVISTAS

Concilium
Estudos Bíblicos
Grande Sinal
REB (Revista Eclesiástica Brasileira)

VOZES NOBILIS

Uma linha editorial especial, com importantes autores, alto valor agregado e qualidade superior.

VOZES DE BOLSO

Obras clássicas de Ciências Humanas em formato de bolso.

PRODUTOS SAZONAIS

Folhinha do Sagrado Coração de Jesus
Calendário de mesa do Sagrado Coração de Jesus
Almanaque Santo Antônio
Agendinha
Diário Vozes
Meditações para o dia a dia
Encontro diário com Deus
Guia Litúrgico

CADASTRE-SE
www.vozes.com.br

EDITORA VOZES LTDA.
Rua Frei Luís, 100 – Centro – Cep 25689-900 – Petrópolis, RJ
Tel.: (24) 2233-9000 – Fax: (24) 2231-4676 – E-mail: vendas@vozes.com.br

UNIDADES NO BRASIL: Belo Horizonte, MG – Brasília, DF – Campinas, SP – Cuiabá, MT
Curitiba, PR – Fortaleza, CE – Juiz de Fora, MG – Petrópolis, RJ – Recife, PE – São Paulo, SP